16	3	2	13
5	10	11	8
9	6	7	12
4	15	14	1

coleção TRANS

Paul Virilio

O ESPAÇO CRÍTICO
a as perspectivas do tempo real

Edição revista e aumentada pelo autor

Tradução
Paulo Roberto Pires

editora█34

EDITORA 34

Editora 34 Ltda.
Rua Hungria, 592 Jardim Europa CEP 01455-000
São Paulo - SP Brasil Tel/Fax (11) 3811-6777 www.editora34.com.br

Copyright © Editora 34 Ltda. (edição brasileira), 1993
L'Espace critique © Christian Bourgois Éditeur, Paris, 1984
"As perspectivas do tempo real" © Paul Virilio, 1993

A FOTOCÓPIA DE QUALQUER FOLHA DESTE LIVRO É ILEGAL E CONFIGURA UMA
APROPRIAÇÃO INDEVIDA DOS DIREITOS INTELECTUAIS E PATRIMONIAIS DO AUTOR.

Edição conforme o Acordo Ortográfico da Língua Portuguesa.

Título original:
L'Espace critique

Capa, projeto gráfico e editoração eletrônica:
Bracher & Malta Produção Gráfica

Revisão técnica:
Carlos Irineu da Costa

Revisão:
Wendell Setúbal, Nina Schipper

1ª Edição - 1993 (4 Reimpressões), 2ª Edição - 2014

CIP - Brasil. Catalogação-na-Fonte
(Sindicato Nacional dos Editores de Livros, RJ, Brasil)

Virilio, Paul, 1932
V81e O espaço crítico: e as perspectivas do
tempo real / Paul Virilio; edição revista e aumentada
pelo autor; tradução de Paulo Roberto Pires. —
São Paulo: Editora 34, 2014 (2ª Edição).
144 p. (Coleção TRANS)

ISBN 978-85-85490-16-4

Tradução de: L'Espace critique

1. Informática - Aspectos sociais.
2. Inteligência artificial. 3. Ciência - Filosofia.
I. Pires, Paulo Roberto. II. Título. III. Série.

CDD - 303.483

O ESPAÇO CRÍTICO
e as perspectivas do tempo real

1. A cidade superexposta... 7

2. A fratura morfológica 25

3. A arquitetura improvável... 65

4. A dimensão perdida 95

5. As perspectivas do tempo real... 119

Sobre o autor 142

1.
A CIDADE SUPEREXPOSTA

No início dos anos 60, em plena revolta dos guetos negros, o prefeito da Filadélfia declarava: "A partir de agora as fronteiras do Estado passam pelo interior das cidades". Esta frase traduzia uma realidade política para os cidadãos americanos discriminados, mas sobretudo remetia a um contexto mais amplo, já que o "Muro de Berlim" havia sido concluído no dia 13 de agosto de 1961 bem no meio da capital do Reich. Desde então esta afirmativa não deixou de se confirmar: Belfast, Londonderry, onde até bem pouco tempo algumas ruas contavam com uma faixa amarela separando o setor católico do protestante, antes que ambas as partes se mudassem para mais longe, deixando um "no man's land" cercado dividir ainda mais nitidamente suas residências. Depois veio Beirute, com seus setores Leste e Oeste, suas fronteiras intestinas, seus túneis e avenidas minadas... Na verdade, a frase do responsável pela grande metrópole americana revelava um fenômeno geral que atingia tanto as capitais quanto as cidades do interior, *fenômeno de introversão forçada* no qual a Cidade, assim como as empresas industriais, sofria os primeiros efeitos de uma economia multinacional, verdadeira *reorganização urbana* que logo contribuiria para o esvaziamento de certas cidades operárias como Liverpool ou Sheffield, na Grã-Bretanha, Detroit ou St. Louis, nos Estados Unidos, e Dortmund, na Alemanha. Este fenômeno se dá ao mesmo tempo em que outras aglomerações desenvolviam, em torno de um aeroporto internacional gigantesco, um METROPOLEX, complexo metropolitano semelhante ao de Dallas/Fort Worth. A partir dos anos 70, no início da crise econômica mundial, a construção destes aeroportos seria, aliás, submetida aos imperativos da defesa contra "piratas do ar".

A cidade superexposta

As construções não são mais executadas segundo as restrições técnicas tradicionais, o projeto passa a ser concebido em função dos riscos de "contaminação terrorista" e a organização dos espaços é feita a partir da distinção entre *zona estéril* (partida) e *zona não estéril* (chegada). Todos os circuitos de carga (passageiros, bagagens, frete...) e suas rupturas, assim como os diferentes movimentos de trânsito devem ser submetidos a um sistema de desvio do tráfego (interior/exterior), a forma arquitetural do prédio passando a traduzir menos a personalidade do arquiteto do que as precauções necessárias à segurança pública. *Última porta do Estado*, o aeroporto torna-se, assim como o forte, o porto ou a estação de trem no passado, lugar de uma regulação essencial das trocas e das comunicações e, portanto, espaço de uma forte experimentação de controle e vigilância máxima realizada por uma "polícia do ar e das fronteiras", cujos feitos contra os terroristas iriam ganhar destaque com a tomada de reféns em Mogadíscio e a mobilização dos guardas de fronteira alemães do GSG9 a milhares de quilômetros de sua jurisdição... Desde então não se trata mais, como no passado, de isolar pelo encarceramento o contagioso ou o suspeito, trata-se sobretudo de *interceptá-lo em seu trajeto* a tempo de auscultar seus trajes e bagagens, daí a súbita proliferação de câmeras, radares e detetores nos locais de passagem obrigatória. Observemos ainda que as prisões francesas que possuem "setores de segurança máxima" iriam ser equipadas com estes mesmos *pórticos magnéticos* instalados há alguns anos nos aeroportos, o equipamento da maior liberdade de deslocamento servindo paradoxalmente como modelo para o de encarceramento penitenciário. Em diversas áreas residenciais americanas, o policiamento é feito apenas através de um circuito fechado de televisão ligado ao posto (estação? delegacia?) central da cidade. Nos bancos, supermercados, assim como nas estradas, onde os pedágios espelham a antiga porta urbana, o *rito de passagem* não é mais intermitente, tendo se tornado imanente.

Nesta perspectiva sem horizonte na qual a via de acesso à cidade deixa de ser uma porta ou um arco do triunfo para transformar-se em um *sistema de audiência eletrônica*, os usuários são menos os habitantes, residentes privilegiados, do que os interlocutores em trânsito permanente. A partir de então, a ruptura de continuidade não se dá tanto no espaço de um cadastro ou no limite de um setor urbano, mas principalmente na duração, "duração" esta que as tecnologias avançadas e a reorganização industrial não cessam de modificar através de uma série de interrupções (fechamento de empresas, desemprego, trabalho autônomo...) e de ocultações sucessivas ou simultâneas que organizam e desorganizam o meio urbano ao ponto de provocar o declínio e a degradação irreversível dos locais, como no grande conjunto habitacional próximo a Lyon, onde a "taxa de rotatividade" dos ocupantes tornou--se elevada demais (um ano de permanência), contribuindo para a ruína de um hábitat que, entretanto, todos julgavam satisfatório.

* * *

De fato, desde o cercado original, a noção de limite sofreu mutações que dizem respeito tanto à fachada quanto ao aspecto de confrontação. Da paliçada à tela, passando pelas muralhas da fortaleza, a *superfície-limite* não parou de sofrer transformações, perceptíveis ou não, das quais a última é provavelmente a da *interface*. É interessante portanto abordar a questão do acesso à Cidade de uma nova forma: a aglomeração metropolitana possui uma fachada? *Em que momento a cidade nos faz face?* A expressão popular "aller en ville", que substitui a utilizada no século anterior "aller à la ville"*, traduz pelo menos uma incerteza em relação ao face a face (como se nós não estivéssemos jamais *diante* da cidade, mas sempre *dentro* dela). Se a metrópole possui ainda uma localização, uma posição geográfica, esta não se confunde mais com a antiga ruptura cidade/campo e tampouco com a oposição centro/periferia. A localização e a axialidade do dispositivo urbano já perderam há muito sua evidência. Não somente o subúrbio operou a dissolução que conhecemos, mas a oposição "intramuros", "extramuros" dissipou-se com a revolução dos transportes e o desenvolvimento dos meios de comunicação e telecomunicação, daí esta nebulosa conurbação de franjas urbanas. Assistimos de fato a um fenômeno paradoxal *em que a opacidade dos materiais de construção se reduz a nada*. É a emergência das estruturas de sustentação, a "parede-cortina" em que a transparência e a leveza de certos materiais (como o vidro e as plastificações diversas) substituem as pedras das fachadas no exato momento em que o papel vegetal e o plexiglas substituem a opacidade do papel nos projetos.

Por outro lado, com a *interface da tela* (computador, televisão, teleconferência...) o que até então se encontrava privado de espessura — a superfície de inscrição — passa a existir enquanto "distância", profundidade de campo de uma representação nova, de uma visibilidade sem face a face, na qual desaparece e se apaga a antiga confrontação de ruas e avenidas: o que se apaga aqui é a diferença de posição, com o que isto supõe, com o passar do tempo, em termos de fusão e confusão. *Privado de limites objetivos, o elemento arquitetônico passa a estar à deriva, a flutuar em um éter eletrônico desprovido de dimensões espaciais, mas inscrito na temporalidade única de uma difusão instantânea.* A partir de então ninguém pode se considerar separado por obstáculo físico ou por grandes "distâncias de tempo", pois com a *interfachada* dos monitores e das telas de controle o algures começa aqui e vice-versa. Esta súbita reversão dos limites introduz, desta vez no espaço comum, o que até o momento era da ordem da microscopia: *o pleno não existe mais*, em seu lugar uma extensão sem limites desvenda-se em uma falsa perspectiva que a emissão luminosa dos aparelhos ilumina. A partir daí o espaço construído participa de uma *topologia eletrônica* na qual o enquadramento do ponto de vista e a trama da imagem digital renovam a noção de setor urbano. À antiga ocultação *público/privado* e à diferenciação da moradia e da circulação sucede-se uma superexposição onde termina a separação entre o "próximo" e o "distante", da mesma forma que desaparece, na varredura eletrônica dos microscópios, a separação entre "micro" e "macro".

A representação da cidade contemporânea, portanto, não é mais determinada pelo cerimonial da abertura das portas, o ritual das procissões, dos desfiles, a sucessão de ruas e das avenidas; a arquitetura urbana deve, a partir de agora, relacionar-se com a abertura de um "espaço-tempo tecnológico". *O protocolo de acesso* da telemática sucede o do portão. Aos tambores das portas sucedem-se os dos bancos de dados, tambores que marcam os ritos de passagem de uma cultura técnica que avança mascarada, mascarada pela imaterialidade de seus componentes, de suas redes, vias e redes diversas cujas tramas não mais se inscrevem no espaço de um tecido construído, mas nas sequências de uma planificação imperceptível do tempo na qual a interface homem/máquina toma o lugar das fachadas dos imóveis, das superfícies dos loteamentos...

* * *

Se a abertura das portas da cidade murada estava antes ligada à alternância entre o dia e a noite, devemos observar que, a partir do momento em que abrimos não somente a janela como também a televisão, o dia modificou-se: ao dia solar da astronomia, ao dia incerto da luz de velas e à iluminação elétrica acrescenta-se agora *um falso-dia eletrônico*, cujo calendário é composto apenas por "comutações" de informações sem qualquer relação com o tempo real. Ao tempo *que passa* da cronologia e da história sucede portanto um tempo *que se expõe* instantaneamente. Na tela de um terminal, a duração transforma-se em "suporte-superfície" de inscrição, literalmente ou ainda cinematicamente: *o tempo constitui superfície*. Graças ao material imperceptível do tubo catódico, as dimensões do espaço tornam-se inseparáveis de sua velocidade de transmissão. Unidade de lugar sem unidade de tempo, a Cidade desaparece então na heterogeneidade do regime de temporalidade das tecnologias avançadas. A forma urbana não é mais expressa por uma demarcação qualquer, uma linha divisória entre aqui e além, tornou-se a programação de um "horário". Nela, a entrada indica menos um ponto de passagem obrigatória do que um protocolo audiovisual em que o público e os índices de audiência renovam a acolhida do público, a recepção mundana. Nesta perspectiva em "trompe-l'oeil", na qual o povoamento do tempo de transporte e de transmissão suplanta o povoamento do espaço, a habitação, *a inércia tende a renovar a antiga sedentariedade*, a persistência das áreas urbanas. Com os meios de comunicação instantânea (satélite, TV, cabos de fibra ótica, telemática...) *a chegada suplanta a partida*: tudo "chega" sem que seja preciso partir. Realmente, se ainda ontem a aglomeração urbana opunha uma população "intramuros" a uma população exterior, atualmente a concentração metropolitana apenas opõe seus moradores no tem-

A cidade superexposta

po: tempo das longas durações históricas que se identifica cada vez menos ao "centro da cidade" mas sim a alguns poucos monumentos e o tempo de uma *duração técnica*, *sem comparação* com qualquer calendário de atividades ou memória coletiva (à exceção da memória dos computadores), duração que contribui para a instauração de um *presente permanente* cuja intensidade sem futuro destrói os ritmos de uma sociedade cada vez mais aviltada. "Monumento?" Não tanto o pórtico aberto, o corredor monumental pontuado por construções suntuosas, mas a ociosidade, *a monumental espera de prestações de serviço frente aos aparelhos*, máquinas de comunicação ou de telecomunicação diante das quais cada um se ocupa enquanto espera... filas de espera nos pedágios das estradas, *check-lists* dos comandantes de bordo, mesa de cabeceira dos consoles da teleinformática. No fim das contas, a porta é aquilo que *transporta* veículos, vetores diversos cujas rupturas de continuidade compõem menos um espaço do que uma espécie de contagem regressiva em que a urgência do tempo de trabalho aparece como *centro do tempo* e o tempo livre das férias, do desemprego, como tempo de uma periferia, *subúrbio do tempo*, aplainamento das atividades no qual cada um é exilado em uma vida *privada*, em todos os sentidos do termo.

Se, apesar das promessas dos arquitetos pós-modernos, a cidade encontra-se privada de portas a partir de agora, é porque há muito os limites urbanos deram origem a uma infinidade de aberturas, rupturas e fechamentos, certamente menos aparentes que os da Antiguidade, mas igualmente práticos, constrangedores e segregativos. A ilusão da revolução industrial dos transportes nos enganou quanto ao aspecto ilimitado do progresso. A organização industrial do tempo compensou insensivelmente o esvaziamento dos territórios rurais. Se no século XIX *a atração cidade/campo* esvaziou o espaço agrário de sua substância (cultural e social), no final do século XX é a vez do espaço urbano perder sua realidade geopolítica em benefício único de sistemas instantâneos de deportação cuja intensidade tecnológica perturba incessantemente as estruturas sociais: deportação de pessoas no remanejamento da produção, deportação da atenção, do face a face humano, do contato urbano, para a interface homem/máquina. Todos estes fatores participam de fato de um outro tipo de concentração, concentração "pós-urbana" e transnacional cuja existência pode ser constatada por diversos acontecimento recentes.

Apesar do encarecimento constante da energia, as classes médias americanas abandonam as aglomerações da região leste do país. *Depois da degradação dos centros das grandes cidades transformados em guetos, trata-se agora da deterioração das cidades como centros de regiões.*

De Washington a Chicago, de Boston a St. Louis, no Missouri, os grandes centros urbanos se despovoam. À beira da falência, Nova York perdeu na última década 10% de sua população. Quanto a Detroit, a cidade viu desaparecer mais de 20% de seus habitantes, Cleveland 23%, St. Louis 27%... alguns bairros destas cidades já assemelham-se às cidades-fantasmas imortalizadas pelo cinema americano.

Prenúncios de uma iminente desurbanização "pós-industrial", este êxodo deverá atingir cada um dos países desenvolvidos. Previsível há cerca de 40 anos, esta desregulamentação na organização do espaço origina-se de uma ilusão (econômica e política) sobre a *persistência das áreas* construídas na era da organização (automóvel) do tempo, na época do desenvolvimento das técnicas (audiovisuais) da *persistência retiniana.*

* * *

"Toda superfície é uma interface entre dois meios onde ocorre uma atividade constante sob forma de troca entre as duas substâncias postas em contato."

Esta nova definição científica da noção de superfície demonstra a contaminação em vias de se concretizar: a "superfície-limite" torna-se uma membrana osmótica, um mata-borrão... mas ainda que esta etimologia seja mais rigorosa do que as anteriores, nem por isso é menos sintomática no que diz respeito a uma mutação na noção de limitação. *A limitação do espaço torna-se comutação,* a separação radical transforma-se em passagem obrigatória, trânsito de uma atividade constante, atividade de trocas incessantes, transferência entre dois meios, duas substâncias. O que até então era a fronteira de uma matéria, o "terminal" de um material, torna-se agora uma via de acesso dissimulada na entidade mais imperceptível. A partir de agora a aparência das superfícies esconde uma transparência secreta, uma espessura sem espessura, um volume sem volume, uma quantidade imperceptível...

Se esta situação corresponde à realidade dos fatos no que diz respeito à física do infinitamente pequeno, também se aplica ao infinitamente grande: se o que, visivelmente, não era nada torna-se "alguma coisa", *inversamente, a maior distância não oculta mais a percepção*; a extensão geofísica mais vasta se contrai, se concentra. Na interface da tela, tudo já se encontra lá, tudo se mostra na imediatez de uma transmissão instantânea. Quando, por exemplo, Ted Turner decide, em 1980, criar em Atlanta a CABLE NEWS NETWORK, uma cadeia de televisão destinada a assegurar a transmissão de notícias *ao vivo* 24 horas por dia, ele transforma o apartamento de seus assinantes em uma espécie de "central dos acontecimentos mundiais".

Graças aos satélites, a janela catódica traz a cada um dos assinantes, com a luz de um outro dia, a presença dos antípodas. *Se o espaço é aquilo que impede que tudo esteja no mesmo lugar*, este confinamento brusco faz com que tudo, absolutamente tudo, retorne a este "lugar", a esta localização sem localização... o esgotamento do relevo natural e das distâncias de tempo achata toda localização e posição. Assim como os acontecimentos retransmitidos ao vivo, os locais tornam-se intercambiáveis à vontade.

A instantaneidade da ubiquidade resulta na atopia de uma interface única. Depois das distâncias de espaço e de tempo, a *distância-velocidade* abole a noção de dimensão física. A velocidade torna-se subitamente uma *grandeza primitiva* aquém de toda medida, tanto de tempo como de lugar. Esta desertificação equivale de fato a um momento de inércia do meio. A antiga aglomeração desaparece então na intensa aceleração das telecomunicações para gerar um novo tipo de concentração: a concentração de uma "domicilização" sem domicílio em que os limites da propriedade, as cercas e as divisórias são menos obstáculos físicos permanentes do que interrupções da emissão ou de uma *zona de sombra* eletrônica que renova aquela do ensolaramento, a sombra derivada dos imóveis... Uma estranha topologia se dissimula na evidência das imagens televisadas. Aos projetos do arquiteto sucedem-se os planos--sequência de uma montagem invisível. Onde a organização do espaço geográfico se estruturava a partir da geometria de uma demarcação (rural ou urbana), a organização do tempo se dá a partir de uma fragmentação imperceptível da duração técnica, onde os cortes e as interrupções momentâneas substituem a ocultação durável, a "grade de programas" substituindo a grade das cercas, assim como, no passado, o guia das estradas de ferro havia substituído as folhinhas (calendários).

"A câmera tornou-se nosso melhor inspetor", declarava John F. Kennedy, pouco antes de ser assassinado em uma rua de Dallas... Efetivamente, a câmera nos permite hoje assistir, ao vivo ou não, determinados acontecimentos políticos, certos fenômenos óticos, fenômenos de fratura nos quais a Cidade se deixa ver *como um todo*, fenômenos de difração, também, em que a imagem da Cidade repercute para além da atmosfera, até os confins do espaço, isto tudo no momento em que o endoscópio e o *scanner* tornam visíveis os confins da vida. Esta *superexposição* atrai a nossa atenção na medida em que define a imagem de um mundo sem antípodas, sem faces ocultas, onde a opacidade não é nada além de um "interlúdio" passageiro. Observemos no entanto que a ilusão proxêmica não dura muito, lá onde a *pólis* inaugurou um teatro político com a ágora e o fórum, hoje nada resta além de uma tela catódica onde se agitam as sombras, os espectros de uma comunidade em vias de desaparecimento, onde o *cinematismo propaga a última aparência de urbanismo*, a última imagem de um urbanismo sem urbanidade em que o tato e o contato cedem lugar ao impacto televisual: não somente a "teleconferência", que permite comunicações à distância, com o progresso inerente à ausência de deslocamento, mas também a "telenegociação" que permite, ao contrário, tomar distância, discutir sem se encontrar com seus parceiros sociais, onde existiria no entanto uma proximidade física imediata, em uma situação de certa forma semelhante à dos maníacos do telefone, para os quais a situação favorece o desvio da linguagem, o anonimato de uma agressividade telecomandada...

* * *

A cidade superexposta

Onde começa portanto a *cidade sem portas*? Provavelmente nos espíritos, nesta ansiedade passageira que acomete aqueles que voltam de um longo feriado diante da perspectiva de notícias indesejadas, com o risco de um arrombamento, da violação de sua propriedade. Ou talvez, inversamente, no desejo de fugir, de escapar por um momento de um ambiente técnico opressor para se reencontrar, se recuperar um pouco. Mas aí também, se a evasão no espaço é frequentemente possível, a escapada no tempo não o é mais. A menos que se considere o licenciamento como uma "porta de saída", a forma última das férias pagas, a fuga adiante no tempo provém de uma ilusão "pós-industrial", cujos malefícios já podem ser sentidos. Desde já, a teoria do "salário em regime de *time-sharing*" nos introduz a uma outra dimensão da comunidade ao oferecer a todos uma alternativa em que *o emprego do tempo compartilhado* poderia resultar em uma nova divisão do uso do espaço, o domínio de uma periferia sem fim em que o *homeland* e a colônia de povoamento substituiriam a cidade industrial e seu subúrbio (sobre este tema, ver o COMMUNITY DEVELOPMENT PROJECT, que favorece o surgimento de projetos de desenvolvimento locais baseados nas forças das próprias comunidades e destinados a reabsorver as INNER-CITIES inglesas).

Onde começa o limite do além-cidade? Onde se estabelece *a porta sem cidade*? Provavelmente nas novas tecnologias americanas de destruição instantânea de imóveis de grandes dimensões (implosão), também prenúncio de uma política de demolição sistemática dos conjuntos habitacionais considerados "não conformes ao *novo modo de vida*" dos franceses, como ocorreu em Vénissieux, em La Courneuve ou em Gagny... Um estudo econômico realizado recentemente pela "Associação para o Desenvolvimento da Comunicação" chegou às seguintes conclusões: "A destruição de 300 mil residências em cinco anos custaria 10 bilhões de francos por ano, mas permitiria a criação de 100 mil empregos. Mais que isto, no final da operação demolição/reconstrução, as receitas fiscais superariam em 6 a 10 bilhões a verba pública investida".

Aqui se coloca uma última questão: a demolição das grandes cidades estaria prestes a substituir, em períodos de graves crises, a tradicional política de grandes obras públicas?... Se este for o caso, não distinguiremos mais a diferença de natureza entre a recessão (econômica, industrial) e a guerra.

* * *

Arquitetura ou pós-arquitetura? Definitivamente o debate em torno da modernidade parece participar de um fenômeno de *desrealização* que atinge, de uma só vez, as disciplinas de expressão, as formas de representação e de informação. A atual polêmica em relação ao MEDIAS, que surge aqui e ali em função de determinados acontecimentos políticos e de sua comunicação social, envolve igualmente a expressão arquitetural, que não pode ser adequadamente desvinculada do conjunto de sistemas de comunicação, na medida em que está sempre sofrendo a repercussão direta ou indireta dos diversos "meios de comunicação" (automóvel, audiovisual, etc.). Não esqueçamos que, ao lado das técnicas de construção, está a *construção das técnicas*, o conjunto de mutações espaciais e temporais que reorganizam incessantemente, com o campo do cotidiano, as representações estéticas do território contemporâneo. O espaço construído não o é exclusivamente pelo efeito material e concreto das estruturas construídas, da permanência de elementos e marcas arquiteturais ou urbanísticas, mas igualmente pela súbita proliferação, a incessante profusão de *efeitos especiais* que afetam a consciência do tempo e das distâncias, assim como a percepção do meio.

Esta *desregulamentação* tecnológica dos diversos meios é também "topológica" na medida em que constrói não mais um caos sensível e bem visível, como o fazem os processos de degradação e destruição (acidente, envelhecimento, guerra...) mas, ao contrário e paradoxalmente, produz uma *ordem insensível*, invisível, mas tão prática quanto a da construção civil ou das vias de esgoto. Hoje é até mais provável que aquilo que persistimos em denominar URBANISMO seja composto/decomposto por estes sistemas de transferência, de trânsito e de transmissão, estas redes de transporte e transmigração cuja configuração imaterial renova a da organização cadastral, a da construção de monumentos. Atualmente, se ainda existem "monumentos", estes não são mais da ordem do visível, apesar das idas e vindas da insensatez arquitetural, esta "despro-

A cidade superexposta

porção" inscreve-se menos na ordem das aparências sensíveis — a estética da aparição de volumes reunidos sob o sol — do que na obscura luminescência dos terminais, consoles e outras "mesas de cabeceira" da eletrônica. Esquecemo-nos rápido demais que, antes de ser um conjunto de técnicas destinadas a permitir que nos abriguemos das intempéries, a arquitetura é um instrumento de medida, um saber que, ao nos colocar no mesmo plano que o ambiente natural, é capaz de organizar o espaço e o tempo das sociedades. Ora, esta faculdade "geodésica" de definir uma *unidade de tempo e espaço* para as atividades entra agora em conflito direto com as capacidades estruturais dos meios de comunicação de massa.

Confrontam-se aqui dois procedimentos: um deles bem material, constituído de elementos físicos, paredes, limiares e níveis, todos precisamente localizados; o outro, imaterial, do qual as representações, imagens e mensagens não possuem qualquer localização ou estabilidade, já que são vetores de uma expressão momentânea, instantânea, com tudo aquilo que esta condição pressupõe em termos de manipulação de sentido, de interpretações errôneas...

O primeiro, arquitetônico e urbanístico, que organiza e constrói duravelmente o espaço geográfico e político; o outro que organiza e desorganiza indiscriminadamente o espaço-tempo, o *continuum* das sociedades. Evidentemente não se trata aqui de um julgamento maniqueísta opondo a física à metafísica, mas somente de tentar vislumbrar o status da arquitetura contemporânea, em particular da arquitetura urbana, em meio ao desconcertante concerto das tecnologias avançadas. Se o arquitetônico se desenvolveu com o avanço da cidade, da descoberta e colonização de novas terras, desde que esta conquista foi concluída, a arquitetura não parou de regredir, acompanhando a decadência das grandes aglomerações. Sem deixar de investir em equipamento técnico interno, a arquitetura *introverteu-se* aos poucos, transformando-se em uma espécie de galeria de máquinas, a sala de exposições das ciências e das técnicas, técnicas derivadas do maquinismo industrial, da revolução dos transportes e finalmente da célebre "conquista do espaço". Por sinal, é bastante revelador constatar que, quando falamos hoje em *tecnologias do espaço*, não se trata mais de arquitetura, mas somente da engenharia que pode nos enviar para além da atmosfera...

Tudo isso como se o arquitetônico fosse apenas uma técnica subsidiária, ultrapassada por aquelas que permitem o deslocamento acelerado, as projeções siderais. Existe aí uma interrogação sobre a natureza das performances arquiteturais, sobre a função telúrica dos domínios construídos e a relação de uma determinada cultura técnica com o solo. O próprio desenvolvimento da cidade como conservatório das tecnologias antigas contribuiu para multiplicar a arquitetura, *projetando-a em todas as direções do espaço*, com a concentração demográfica e o extremo adensamento vertical do meio urbano, tendência que, observemos, se dá ao inverso da organização agrária. Desde então, as tecnologias avançadas não deixaram de prolongar este "avanço", esta expansão indiscriminada sobre todos os níveis do arquitetônico, particularmente com o progresso dos meios de transporte. Atualmente, as *tecnologias de ponta* nascidas da conquista militar do espaço projetam na órbita dos planetas as residências e, quem sabe, no futuro, a própria Cidade. Com os satélites habitados, os ônibus espaciais e as estações orbitais, locais privilegiados para as pesquisas tecnológicas avançadas e a indústria de gravidade zero, *a arquitetura levanta voo*, o que não deixa de ter consequências para o futuro das sociedades, sociedades pós-industriais cujas referências culturais tendem a desaparecer uma após as outras com o declínio das artes e a lenta regressão das tecnologias básicas.

Estaria a arquitetura urbana prestes a se transformar em uma tecnologia tão ultrapassada quanto a da agricultura extensiva? (daí os danos da conurbação).

Seria o arquitetônico nada mais do que uma forma degradada de exploração do solo com consequências análogas às da exploração excessiva das matérias primas?...

A decadência de diversas metrópoles não seria o indício do declínio industrial e do desemprego forçado?, o símbolo do impasse do materialismo científico... Aqui, o recurso à História, tal como proposto pelos adeptos da "pós-modernidade", é um simples subterfúgio que permite evitar a questão do Tempo, do regime de temporalidade "trans-histórica" nascido dos ecossistemas técnicos.

A cidade superexposta

Se é possível falar de crise hoje em dia, esta é, antes de mais nada, a crise das referências (éticas, estéticas), *a incapacidade de avaliar os acontecimentos em um meio em que as aparências estão contra nós*. O desequilíbrio crescente entre a informação direta e a informação indireta, fruto do desenvolvimento de diversos meios de comunicação, tende a privilegiar indiscriminadamente toda informação mediatizada em detrimento da informação dos sentidos, fazendo com que o *efeito de real pareça suplantar a realidade imediata*. A crise das grandes narrativas da qual nos fala Lyotard denuncia aqui o efeito das novas tecnologias, que enfatizam mais os "meios" do que os "fins".

Às *grandes narrativas* de causalidade teórica sucederam-se assim as *pequenas narrativas* de oportunidade prática e, finalmente, as *micronarrativas* de autonomia. A questão que se coloca, portanto, não é mais a da "crise da modernidade" como declínio progressivo dos ideais comuns, protofundação do sentido da História, em benefício de narrativas mais ou menos restritas ligadas ao desenvolvimento autônomo dos indivíduos, mas antes a questão da *narrativa* em si, ou seja, de um discurso ou modo de representação oficial, herdeiro da Renascença e até o momento ligado à capacidade universalmente reconhecida de dizer, descrever e inscrever o real. Desta forma, a crise da noção de "narrativa" se mostra como a outra face da crise da noção de "dimensão" como narrativa geometral, discurso de mensuração de um real visivelmente oferecido a todos.

A crise das grandes narrativas que deu lugar às micronarrativas revela-se finalmente como a crise da narrativa do "grande", bem como do "pequeno", advento de uma desinformação em que a desmesura e a incomensurabilidade estariam para a "pós-modernidade" assim como a resolução filosófica dos problemas e a resolução da imagem (pictorial, arquitetural...) estiveram para o nascimento das "luzes".

A crise da noção de dimensão surge portanto como a crise do inteiro, ou seja, de um espaço substancial, homogêneo, herdado da geometria grega arcaica, em benefício de um espaço acidental, heterogêneo, em que as partes, as frações, novamente tornam-se essenciais, atomização, desintegração das figuras, dos referenciais visíveis que favorecem todas as transmigrações, todas as transfigurações, mas sempre a custo da topografia urbana, assim como as paisagens e o solo pagaram o preço da mecanização dos empreendimentos agrícolas. Esta súbita fratura das formas inteiras, esta destruição das propriedades do único pela industrialização, entretanto, não é tão perceptível no espaço da cidade, apesar da desestruturação dos subúrbios, quanto no tempo, na percepção sequencial das aparências urbanas. De fato, *há muito a transparência tomou o lugar das aparências*; desde o início do século XX a profundidade de campo das perspectivas clássicas foi renovada pela profundidade de tempo das técnicas avançadas. O desenvolvimento da indústria cinematográfica e da aeronáutica seguiu de perto a abertura dos grandes bulevares. Ao desfile haussmaniano sucedeu-se o desfile acelerado de imagens dos irmãos Lumière, a esplanada dos Invalides sucedeu-se a invalidação do plano urbano, a tela bruscamente tornou-se o local, a encruzilhada de todos os meios de comunicação de massa.

Da estética da aparição de uma *imagem estável*, presente por sua própria estática, à estética do desaparecimento de uma *imagem instável*, presente por sua fuga (cinemática ou cinematográfica), assistimos a uma transmutação das representações. À emergência de formas e volumes destinados a persistir na duração de seu suporte material, sucederam-se imagens cuja única duração é a da persistência retiniana... Finalmente, bem mais do que a Las Vegas de Venturi, Hollywood merecia uma tese de urbanismo, já que se tornou, depois das cidades-teatro da Antiguidade e da Renascença italiana, a primeira CINECITTÀ, a cidade do cinema-vivo onde fundiram-se, até o delírio, o cenário e a realidade, os planos de cadastro e os planos-sequência, os vivos e os mortos-vivos. *Aqui, mais do que em qualquer outra parte, as tecnologias avançadas convergiram para moldar um espaço-tempo sintético.* Babilônia da desrealização fílmica, Hollywood foi construída bairro por bairro, avenida por avenida, sob o crepúsculo das aparências, o sucesso de procedimentos ilusionistas, o impulso de produções espetaculares como as de D. W. Griffith, em um prenúncio da urbanização megalômana da Disneylândia, Disneyworld e EPCOT CENTER.

A cidade superexposta

Hoje, quando Francis Ford Coppola realiza *O Fundo do Coração* (*One From the Heart*) *incrustando* seus atores, através de um processo eletrônico, nos planos de uma Las Vegas em tamanho natural reconstruída no estúdios da Zoetrope Company, em Hollywood, *simplesmente porque não queria que suas filmagens se adaptassem à cidade real, mas sim que esta se adaptasse às suas filmagens*, ele ultrapassa em muito Venturi, ao demonstrar menos a ambiguidade arquitetural contemporânea do que a característica "espectral" da cidade e de seus habitantes.

À "arquitetura de papel" dos utopistas do anos 60, acrescenta-se hoje esta arquitetura vídeo-eletrônica dos *efeitos especiais* de um Harryhausen ou de um Trumbull, isto se dando no exato momento em que o computador dotado de tela passa a fazer parte dos escritórios de arquitetura... "O vídeo não é eu vejo, mas eu voo", explicava Nam June Paik. Com esta tecnologia, o "sobrevoo" não é mais o da altitude teórica, ou seja, da escala dos planos, tornou-se antes um "sobrevoo" de uma interface ótico-eletrônica funcionando em tempo real, com tudo o que isto supõe em termos de redefinição da imagem. Se a aviação — que, observemos, surgiu no mesmo ano que o cinema — determinou uma revisão do ponto de vista, uma mutação radical da percepção do mundo, as técnicas infográficas, por sua vez, irão implicar um reajuste do real e de suas representações. É, aliás, o que pode ser verificado com o TACTICAL MAPPING SYSTEM, videodisco realizado pela agência para projetos de pesquisas avançadas do Departamento de Defesa dos Estados Unidos. Com esta tecnologia é possível observar *continuamente* a cidade de Aspen acelerando ou reduzindo a velocidade de projeção das 54 mil imagens, modificando os sentidos e as estações do ano como se troca de canal na televisão, transformando a cidade em uma espécie de túnel balístico em que se confundem as noções de olho e arma.

De fato, se ontem o arquitetônico podia ser comparado à geologia, à tectônica dos relevos naturais, com as pirâmides, às sinuosidades neogóticas, de agora em diante pode apenas ser comparado às *técnicas de ponta*, cujas proezas vertiginosas nos exilam do horizonte terrestre.

Neogeologia, "MONUMENT VALLEY" de uma era pseudolítica,

hoje a metrópole é apenas uma paisagem fantasmática, o fóssil de sociedades passadas em que as técnicas encontravam-se ainda estreitamente associadas à transformação *visível* dos materiais e das quais as ciências nos desviaram progressivamente.

2.
A FRATURA MORFOLÓGICA

"Em política, diferentemente da física, percepções são fatos", escreveu Lionel S. Johns, diretor-adjunto do Office of Technology Assessment do Senado dos Estados Unidos... Quem negaria hoje que a PÓLIS, que emprestou sua etimologia à palavra POLÍTICA, pertença ao domínio dos fatos da percepção? Se, de agora em diante, pode-se vislumbrar tão facilmente o desaparecimento das cidades na estratégia nuclear anticidade ou na reorganização pós-industrial é porque há quatro décadas a imagem da cidade esfumaçou-se e dissipou-se a ponto de, hoje, não ser nada mais do que uma lembrança, uma rememoração da unidade de vizinhança, unidade esta que vem sofrendo continuamente os efeitos da mutação dos meios de comunicação de massa, enquanto não desaparece no êxodo pós-industrial, no exílio de um desemprego estrutural causado pela robotização, o reino soberano das *máquinas de transferência*.

Atualmente, a abolição das distâncias de tempo operada pelos diversos meios de comunicação e telecomunicação resultou em uma confusão cujos efeitos (diretos e indiretos) são sofridos pela imagem da cidade, efeitos de torção e distorção iconológicas cujas referências mais fundamentais desaparecem uma após as outras: referências simbólicas e históricas, com o declínio da centralidade, da axialidade urbanas; referências arquitetônicas, com a perda de significado dos equipamentos industriais, dos monumentos, mas, sobretudo, *referências geométricas*, com a desvalorização do antigo recorte, da antiga repartição das dimensões físicas.

A supremacia recuperada pela *distância-velocidade* (MACH, BIT-SEGUNDO, NANO-SEGUNDO, etc.) sobre o espaço (km) e o tempo (km/h) restaura esta "grandeza primitiva", vetor privilegiado da organização pré-geométrica do espaço, e contribui assim para dissolver a estruturação tradicional das aparências, a percepção comum do espaço sensível, estruturação esta fundada desde a Antiguidade sobre os méritos mnemotécnicos da geometria de Euclides, geometria das *superfícies regradas*, regradas ou antes "reguladas" pelo sistema de dimensões, pela decupagem de um COSMOS em que a medida das superfícies dominava, tanto em termos de extensão geográfica e do cadastro (urbano e rural) quanto na repartição arquitetônica dos elementos construídos. Hoje, é esta visão de mundo dominada pela *ortodoxia ortogonal* que se perde em uma apercepção na qual a noção de dimensão física perde progressivamente seu sentido, seu valor analítico enquanto decupagem, desmontagem da realidade perceptiva, em benefício de outras fontes de avaliação eletrônica do espaço e do tempo que nada têm em comum com as do passado.

A partir de agora assistimos (ao vivo ou não) a uma COPRODUÇÃO da realidade sensível na qual as percepções diretas e mediatizadas se confundem para construir uma representação instantânea do espaço, do meio ambiente. Termina a separação entre a realidade das distâncias (de tempo, de espaço) e a distanciação das diversas representações (videográficas, infográficas). A observação direta dos fenômenos visíveis é substituída por uma *teleobservação* na qual o observador não tem mais contato imediato com a realidade observada. Se este súbito distanciamento oferece a possibilidade de abranger as mais vastas extensões jamais percebidas (geográficas ou planetárias), ao mesmo tempo revela-se arriscado, já que a ausência da percepção imediata da realidade concreta engendra um desequilíbrio perigoso entre o *sensível* e o *inteligível*, que só pode provocar erros de interpretação tanto mais fatais quanto mais os meios de teledetecção e telecomunicação forem performativos, ou melhor: *videoperformativos.*

Diante desta desregulamentação das aparências, a orientação do ponto de vista é menos a da angulação das superfícies e das superfícies da geometria não euclidiana do que a da incidência (topológica e iconológica), da ausência de um intervalo de tempo nas transmissões e retransmissões das imagens televisadas. Aqui a grandeza primitiva do vetor velocidade reassume sua função na redefinição do espaço sensível: *a profundidade de tempo* (da teleologia ótico-eletrônica) suplanta a antiga *profundidade de campo* da topologia.

O ponto de fuga, centro onipresente do antigo olhar em perspectiva, dá lugar à instantaneidade televisada de uma observação prospectiva, de um olhar que transpassa as aparências das maiores distâncias, dos mais vastos espaços. Nesta experiência final do espaço que subverte a ordem de visibilidade surgida no *Quattrocento*, assistimos (ao vivo ou não) a uma espécie de teleconquista das aparências que prolonga o efeito da luneta de observação de Galileu. Qualquer que seja o vetor da conquista espacial (navio, submarino, veículo aéreo, foguete ou satélite de observação...), a máquina de observação é menos o veículo, o aparelho de deslocamento físico dos observadores do que a imagem, uma *imagem televisionada*. Com efeito, esta última tende a tornar-se o único vetor, em detrimento da engenharia dos transportes.

Quaisquer que sejam suas performances motoras, os novos veículos são hoje ultrapassados pela "videoperformance" da transmissão das imagens, a representação instantânea de dados (câmera ultrarrápida capaz de apreender um milhão de imagens por segundo, equipamento de teledetecção, câmera de alta definição decimétrica dos satélites espiões, termografia infravermelha, imagem de radar, etc.).

Diante desta súbita facilidade de passar sem transição ou espera da percepção do *infinitamente pequeno* para a percepção do *infinitamente grande*, da imediata proximidade do visível para a visibilidade do que está para além do campo visual, a antiga distinção entre as dimensões desaparece: a decupagem dimensional da geometria arcaica, que afirmava que o *ponto* corta a linha, que a linha corta a superfície e que esta última, por sua vez, recorta os volumes, perde uma parte de sua eficácia prática.

A transparência torna-se evidente, uma evidência que reorganiza a aparência e a medida do mundo sensível e, portanto, muito em breve, sua figura, sua forma-imagem.

A última "decupagem" não é tanto o resultado das dimensões físicas, mas antes o da seleção das velocidades, velocidade de percepção e representação (reduzida, acelerada) que decupam a pro-

A fratura morfológica

fundidade de tempo, a única dimensão temporal. De fato, a transparência (televisada) substitui a aparência do olhar direto, a aparência sensível dos objetos sofre a transmutação da teleobservação e da telecomunicação dos dados da imagem, de uma imagem globalizante, que visa suplantar definitivamente as percepções imediatas, com os riscos de perturbação iconológica que isto implica. A homogeneidade sinótica resultante da geometria do ponto de vista, assim como o aspecto multitemporal dos dados registrados, abole a abordagem descritiva que frequentemente prevaleceu no domínio científico, dando lugar a uma apercepção quantitativa que participa do caráter essencialmente redutor da análise estatística. É ainda significativo observar a importância readquirida pelo PONTO na imagem eletrônica, *como se a dimensão O reassumisse subitamente sua importância digital, em detrimento da linha, da superfície e do volume, dimensões analógicas ultrapassadas...*

Se a cartografia fotográfica aérea do IGN divide, por exemplo, o território francês em uma sucessão de 1.100 retângulos, cada qual subdividido em 40 retângulos, a teledetecção por satélite refere-se a uma unidade de medida, o PIXEL, pequeno elemento de imagem que corresponde, de certa forma, ao grão fotográfico: "Desta forma, cada imagem captada por um dos sistemas de teledetecção do satélite LANDSAT, cobrindo uma superfície de 185 x 185 km, é composta por 7.581.000 PIXELS, representando cada um meio hectare. A cada um destes PIXELS são atribuídos quatro valores no sistema de varredura MULTIESPECTRAL (MSS), o que resulta em 30.324.000 valores. Três passagens sucessivas do satélite fornecem assim mais de 90 milhões de valores. Como cada PIXEL pode ser examinado em termos de suas relações com seus oito vizinhos imediatos, a análise de uma única extensão limitada a 185 x 185 km pode assim proporcionar o exame de diversas centenas de milhões de informações".[1]

Uma vez que uma tal profusão de dados só pode ser analisada pela informática, *a separação entre o sensível e o inteligível*

---

[1] Fernand Verger, "Le Satellite et l'informatique au service du géographe", *Le Monde*, 1/12/1982.

aumenta cada vez mais. O mesmo se dá com a definição das imagens da televisão clássica (tela catódica de 625 linhas), já que cada uma delas reúne cerca de 400 mil pontos ou "elementos discretos" (1.000.000 para 819 linhas). Com os efeitos especiais e as trucagens da eletrônica digital, cada um destes elementos possui um dado particular, o que autoriza, dentro do que se conhece como *memória de trama*, deformações contínuas ou descontínuas, deslocamentos parciais ou totais da imagem assim obtida. As últimas pesquisas sobre as *telas planas*, telas destinadas a uma grande disseminação devido às características complementares de suas possibilidades, a um só tempo de *maximização* (telão) e de *miniaturização* (TV de bolso), giram em torno dos problemas de qualidade da imagem, qualidades de exibição ótico-eletrônica que resultam da natureza e do tipo de varredura: *varredura mecânica* da imagem nas origens da televisão (1930), *varredura eletrônica* da tela catódica clássica, *autovarredura eletro-ótica* das telas a plasma (1960/70) e, por fim, há pouco tempo, *telas fluorescentes* nas quais perdemos a varredura eletrônica, já que são necessários tantos elétrons quanto forem os pontos na imagem...[2]

Além do mais, é no mínimo revelador que se encontre, tanto na teledetecção por satélite quanto na constituição das imagens da televisão, esta mesma varredura eletrônica (varredura da paisagem ou das imagens, tanto faz), como se a *fusão/confusão* do infinitamente grande com o infinitamente pequeno tivesse origem no declínio das dimensões físicas, declínio das representações *analógicas* do espaço, em benefício único das figuras de representação *digital* ou, se preferirmos, da exibição digital, como se a fusão/confusão indicada anteriormente viesse da excessiva *profusão* de dados da representação instantânea...

É aqui que terminam e desaparecem a profundidade de espaço, a profundidade de campo das superfícies expostas à observação (direta) em benefício da profundidade de tempo da gravação (indireto) dos dados numéricos: PIXEL correspondendo ao *ponto lu-*

---

[2] Denis Randet, "Les Écrans plats", *La Recherche*, nº 125, 1981.

minoso da imagem sintética do planejamento computadorizado ou PIXEL representando meio-hectare de território na varredura multiespectral do satélite-espião, a mesma indiferença em relação ao campo, à extensão real ou simulada das superfícies representadas; superfície do desenho computadorizado ou superfícies teledetectadas, o que importa finalmente é a costura das imagens digitalizadas e a instantaneidade de sua retransmissão *ponto por ponto*... A linha, a superfície e o volume aqui são apenas efeitos da projetividade do ponto e da instantaneidade da transmissão. Aqui, a memória é menos a de uma *trama* do que a de um *trajeto*. A projetividade (videográfica ou infográfica) renova a projeção (gráfica, fotográfica, cinematográfica) em um CONTINUUM em que o movimento uniforme e adimensional (o ponto O dimensão) desempenha o papel da reta no espaço geométrico do postulado de Euclides. À homografia de pontos alinhados no espaço (bi ou tridimensional) sucede-se então a projetividade de pontos alinhados no espaço-tempo (quadridimensional) de um desfile de imagens instantâneo em que a persistência retiniana sucede o suporte material: "É o que chamamos de *tempo de sensibilização* de uma linha. Este tempo de sensibilização é igual a um (N)ésimo do *tempo de composição* da imagem formada por (N) linhas, mas este é ditado pela fisiologia do sistema ocular. O olho integra todas as sensações luminosas que incidem sobre ele *em menos* de vinte milissegundos, aproximadamente, e funde as imagens que se sucedem mais rapidamente, ou seja, a uma frequência de pelo menos 50 por segundo — dispomos portanto somente de 20 milissegundos divididos por (N) para compor cada linha, o que algumas vezes é insuficiente —, sendo a imagem composta ponto por ponto, linha por linha; caso o tempo de composição ultrapasse os 20 milissegundos, as primeiras linhas se apagam antes que as últimas possam ser inscritas... Este inconveniente pode no entanto ser eliminado se a tela possuir uma memória tal que uma linha inscrita continue visível por mais tempo do que a duração da composição".[3]

---

[3] Denis Randet, *idem.*

Desta forma, a velocidade torna-se o único vetor da representação eletrônica, não somente no interior do microprocessador, mas ainda na inscrição terminal: *a imagem digital*.

A crise da noção de dimensão, portanto, surge claramente como a crise do inteiro, a crise de um espaço *substancial* (contínuo e homogêneo) herdeiro da geometria arcaica, em benefício da relatividade de um espaço *acidental* (descontínuo e heterogêneo) em que as partes, as frações (pontos e fragmentos diversos) tornam-se novamente essenciais, assim como o instante, fração ou mesmo fratura do tempo, o que não deixará, lembremos mais uma vez, de colocar em questão a imagem do mundo, a da Cidade, da aparência dos objetos em um meio em que a inércia tornou-se manifesta, já que: "A duração é feita de instantes sem duração (perceptível) como a reta é feita de pontos sem dimensão (sensível)".[4]

Assim, compreende-se melhor a importância redescoberta da transparência. Se a transparência está prestes a substituir a aparência é porque a estética do desaparecimento acelerado sucedeu à estética da emergência progressiva das formas, das figuras em seu suporte material, sua superfície de inscrição (gravura, desenho, pintura, escultura, mas também a fotogravura impressa, sem omitir evidentemente a arquitetura monolítica ou construída). À estética da aparição de uma *imagem estável* (analógica) presente por sua estática, pela persistência de seu suporte físico (pedra, madeira, terracota, tela, papéis diversos), sucede-se a estética do desaparecimento de uma *imagem instável* (digital) presente por sua fuga e cuja persistência é somente retiniana, a do "tempo de sensibilização" que escapa à nossa consciência imediata, desde quando o limite dos 20 milissegundos for ultrapassado, como ontem, com a inovação do cinema ultrarrápido (até um milhão de imagens por segundo) quando o "tempo de composição" das 24 imagens por segundo for atingido.

---

[4] Gaston Bachelard, *L'Intuition de l'instant*, Paris, Gallimard, 1935.

I

"A exatidão é a relação do valor medido com o de sua incerteza. Pode-se igualmente caracterizar a exatidão por seu inverso, que é: a incerteza relativa."[5] Ao contrário da estética (ESTHESIS: não medido), a metrologia, ou "ciência da medida", nos leva a observar a história dos referentes, dos critérios sucessivos que, ao longo da evolução científica, permitiram a avaliação cada vez mais precisa das distâncias, das extensões, assim como das durações; extensão e distância de um espaço de tempo, de um CONTINUUM que não deixou de sofrer as metamorfoses dos motores, as deformações metamórficas sucessivas das máquinas de deslocamento e de comunicação, máquinas estas que, assim como os diversos *instrumentos de medida*, contribuíram para a constante redefinição do espaço percebido, do espaço vivido e, portanto, indiretamente, para a determinação cada vez mais rigorosa da imagem do mundo sensível (geografia, geometria, geomorfologia dos domínios construídos, etc.), *instrumentos de uma incerteza relativa e não, como se pretendia, de uma inexatidão certa*, instrumentos paralelos e tão necessários quanto os utilizados pelas "ciências exatas", que, assim como aqueles, contribuem para a interpretação cultural tanto da extensão quanto da duração em um ambiente natural em perpétua reconstrução, reconstrução científica e estética ligada à *inteligibilidade* dos fatores, mas, igualmente, à maior ou menor *sensibilidade* dos vetores, vetores de deslocamento, de comunicação e de telecomunicação, que ao mesmo tempo em que deslocam as pessoas, deslocam também os objetos, a imagem e as representações do mundo sensível.

Observemos agora as etapas históricas desta ciência da medida desde meados do século XVIII, mais precisamente entre 1735 e 1751, época da "Viagem feita ao Equador para medir um grau do meridiano terrestre"[6] realizada por La Condamine e seus com-

---

[5] Patrick Bouchareine, "Le Mètre, la seconde et la vitesse de la lumière", *La Recherche*, nº 91, 1978.

[6] Florence Trystram, *Le Procès des étoiles*, Paris, Seghers, 1979.

panheiros, peregrinação épica destinada a descobrir não mais as terras a colonizar, mas, desta vez, a forma-imagem do mundo com a maior exatidão possível; até o início oficial da METROLOGIA, em 1789, quando a Assembleia Constituinte decide definir uma *unidade nacional de extensão*, com a medição do arco de meridiano Dunquerque/Barcelona, realizada por Delambre e Méchain entre 1792 e 1799, a invenção revolucionária do metro-padrão, décima milionésima parte do quarto do meridiano terrestre, destinado a suplantar as unidades de medida do Antigo Regime, unidades que referiam-se ao corpo fisiológico e, frequentemente, até mesmo ao corpo do rei.

Nas duas experiências de geodésia, observam-se as mesmas dificuldades: dificuldades de penetração no meio em relação à primeira, dificuldade de transmissão de dados na segunda; em 1735, por ocasião das operações de medição dos triângulos do Meridiano de Quito, devido a um ambiente particularmente hostil, em um país desprovido de caminhos e estradas (à exceção da construída pelos incas), já que somente em 1739 seria construída a primeira via de comunicação entre Manta e Quito, onde ainda se viajava transportado por animais, atravessando precárias pontes de corda, expostos às feras, às ameaças dos autóctones...

Em 1792, por outro lado, durante a medição do triângulo de Dunquerque a Barcelona, devido ao clima revolucionário e à dificuldade de transmitir as informações através dos campos da época... Observe-se entretanto que, ao contrário de La Condamine e Bouger, Delambre e Méchain colocaram a base de sua primeira triangulação sobre *a estrada retilínea que unia Melun a Lieusaint*.

Observe-se ainda que, nos dois casos, as cidades serviram como marcos, como pontos de referência para o dimensionamento: Manta e Quito na América Latina, Dunquerque e Barcelona na Europa.

Deve-se reconhecer portanto que, ao lado dos verdadeiros instrumentos de medida científicos (a percha, a toesa, a luneta do agrimensor, o pêndulo e o setor...),[7] os veículos contemporâneos

---

[7] *Percha*: medida agrária antiga equivalente a 34,18 m². *Toesa*: antiga

A fratura morfológica

tiveram sua importância: *veículos dinâmicos*, o cavalo, a mula, a piroga, o barco... *veículos estáticos*, a pista, o caminho, a estrada retilínea, a ponte... Um outro aspecto que merece ainda nossa atenção é a necessidade de aplainamento dos terrenos a serem medidos (e a utilização de terraços indígenas na planície de Yaruqui, mais acidentada do que a de Tarqui), assim como a importância da estrada utilizada como ponto de partida ser retilínea, como na experiência de Delambre e Méchain.

Tudo isto ilustra, caso ainda seja necessário, a complementaridade, obrigatória porém sempre ocultada, entre o instrumento de medida científico e o meio técnico. Esta máquina de deslocamento das pessoas e de transmissão dos dados, das mensagens, este *complexo veicular* formado essencialmente por um veículo estático permitindo a penetração, o deslocamento mais ou menos fácil (estrada, ponte, túnel, etc.) e por um veículo dinâmico possibilitando a viagem mais ou menos distante (barco, montarias diversas...) sem os quais não seria possível realizar qualquer "tomada de imagens", qualquer medida direta, na escala da ambição geodésica destes agrimensores planetários. Em seguida, veio a necessidade de conservação deste "metro-padrão" e a cuidadosa fabricação da famosa régua de platina depositada nos Arquivos Nacionais em 1799, *padrão primeiro* que antecipa aquele confeccionado em platina de irídio depositado no Pavilhão de Breteuil em 1875, no qual a distância entre as extremidades *polidas, planas e paralelas* representava não somente 1/40 milionésimos do meridiano terrestre, mas representava ainda, não o esqueçamos, uma espécie de modelo reduzido da precisão mais extrema da estrada padrão Melun-Lieusaint.

Efetivamente, se o histórico da medida e o dimensionamento das quantidades físicas realmente desempenham um papel fundamental na evolução dos conhecimentos das teorias científicas é necessário ainda observar a crescente desmaterialização dos referentes: corpos físicos, medidas geodésicas, padrões primários utili-

---

unidade de comprimento equivalente a 1,98 m. *Setor*: instrumento de astronomia composto de um arco de 20 a 30 graus e de um óculo. (N. do T.)

zando metais preciosos e, em seguida, com o aparecimento do interferômetro (Fizeau), o desenvolvimento da espectroscopia (Rowland), os materiais serão preteridos como escala em favor da luz, das interferências luminosas, a partir da experiência fundamental de Michelson e Morley sobre a *constância da velocidade da luz*, o que mais tarde permitirá a escolha de uma extensão de onda de radiação atômica para definir a unidade de comprimento...

Este deslocamento da observação ocular direta para o domínio ótico e, finalmente, para a percepção indireta dos novos instrumentos de medida, esta deriva irrefletida dos "padrões primários" aos *padrões de transferência*, esta transferência, enfim, da matéria mensurada e agrimensada para a luz mensuradora inauguram efetivamente uma mutação na avaliação científica do tempo e do espaço que anuncia hoje a crise, se não o abandono, da decupagem das dimensões físicas e portanto a necessidade premente de um reajuste na *forma-imagem* do mundo sensível.

Observemos, por exemplo, que, à retificação das superfícies (aplainamento do terreno a ser medido, via retilínea, materiais puros e duros dos padrões com suas superfícies planas, polidas, paralelas...) de 1799, sucedeu-se, em 1879, na experiência de Michelson, a utilização de um vácuo experimental, a criação de um *vácuo primário* no interior de um tubo de aço de cerca de 2 km de extensão por 0,60 m de diâmetro...[8] Não se trata mais, aqui, de desobstruir a profundidade perspectiva, organizando o caminho, abrindo vias de acesso, trata-se agora de submeter ao vácuo um tubo retilíneo para facilitar a passagem de um raio de luz. *Não se trata mais de aplainar o caminho, as superfícies, mas sim de criar o vácuo nos volumes*, suprimindo não mais os acidentes de terreno, a vegetação luxuriante, mas, desta vez, a própria atmosfera, o indício de ar...

Sabemos o que aconteceu depois, as consequências do RADAR depois da Segunda Guerra Mundial, a utilização das altas frequências radioelétricas em diferentes procedimentos de medi-

---

[8] Albert Michelson (1852-1931), físico americano de origem polonesa, Nobel de 1907. Autor de experiências sobre a velocidade de luz em parceria com E. W. Morley. (N. do T.)

ção, até o advento do laser estabilizado. Em 1960, por ocasião da realização em Paris da XI Conferência Geral sobre Pesos e Medidas, assim foi definida a unidade de comprimento: "O metro é o comprimento igual a 1.650.763,73 extensões de onda no vácuo da radiação correspondente à transição entre os níveis 2 p10 e 5 d5 do átomo de KRYPTON 86". Sete anos mais tarde, a XIII Conferência Geral adotou uma definição análoga para a unidade de tempo: "O segundo é a duração de 9.192.631.770 períodos da radiação correspondendo à transição entre os dois níveis hyperfins do átomo de CÉSIO 133 em seu estado fundamental".

Estas definições totalmente abstratas tendo se materializando na prática através de novos padrões, os conhecidos "padrões de transferência": a lâmpada de Krypton para o metro, o relógio atômico de césio para o segundo. A unidade de tempo, o segundo, continuando a ser, de longe, a mais precisa das unidades básicas do sistema internacional de medidas; com o recente desenvolvimento do laser estabilizado (devido às pesquisas militares mais avançadas) esta precisão da unidade de comprimento revela-se no entanto insuficiente, de onde a proposta, feita depois da última avaliação da velocidade da luz realizada em 1972, de alterar a definição do metro. Se esta proposta fosse adotada, o metro seria apenas: "a extensão percorrida pela luz no vácuo em 1/299.792.458 segundos".[9]

Partindo da medição da terra e da análise cada vez mais precisa da matéria (do padrão confeccionado em metal precioso aos átomos, moléculas...) chegamos hoje à supremacia da luz, à medição sempre mais exigente de sua velocidade de propagação, para tentar projetar a forma-imagem de um meio natural em que as extensões de espaço e as distâncias de tempo são fundidas/confundidas em uma representação puramente digital, uma *imagem sintética* que não é mais da ordem da observação direta e tampouco da visualização ótica inventada por Galileu, estando vinculada a receptores eletromagnéticos ou, ainda, a analisadores de espectro

---

[9] Patrick Bouchareine, *idem.*

O espaço crítico

e de "frequências-metro" em que a própria aquisição de dados é realizada por computadores.

Como avaliar uma ciência pretensamente experimental que elege o vazio mais radical, a maior velocidade, uma mediatização sempre crescente de seus meios de investigação e comunicação?... Como podemos *ter deixado de acreditar em nossos próprios olhos* para crer tão facilmente nos vetores da representação eletrônica e, sobretudo, *no vetor-velocidade da luz*? Não estaríamos nós diante de um obscurantismo da relatividade, de um culto solar reencontrado?

Não se trata mais, aqui, da influência perturbadora de um meio de comunicação qualquer, mas antes dos "instrumentos de medida" em si, padrão de transferência, máquina-transferência, sem qualquer relação de proporcionalidade com nossas faculdades de apreciação e percepção do real: *aqui o instrumento técnico é a prova científica*, a informática digital dá o número exato e o computador munido de tela, a imagem, mas uma imagem ótico-eletrônica sintética da qual a única "dimensão" é a do vetor de execução, a da emissão da luz da velocidade, a de um "dia falso" sem qualquer relação com o dia da observação experimental ocular ou ótica.

"Quanto mais os telescópios forem aperfeiçoados, mais estrelas surgirão", escrevia Flaubert... Atualmente, se o instrumento é a prova irrefutável, um instrumento tecnologicamente mais sofisticado significa o avanço das ciências!... De fato, se as ciências estiveram na origem do desenvolvimento das técnicas, parece que assistimos hoje a uma reversão desta tendência, com o avanço das tecnologias de ponta provocando o desenvolvimento das ciências, ou ainda de uma "nova ciência", dividida, atomizada, em que o pensamento científico é cada vez mais condicionado pelas estatísticas, pelos delírios ocultos de uma automação aplicada à investigação e à produção científica, isto tudo bem antes que a robótica tenha alcançado o domínio da produção industrial e pós-industrial...

Diante desta evicção caracterizada da observação direta, diante deste "diagnóstico automático", esta mediatização cada vez mais forte dos conhecimentos científicos, esta eliminação da cons-

A fratura morfológica

ciência imediata e finalmente das figuras do pesquisador e do trabalhador, poderíamos nos perguntar se esta "pós-ciência" não seria uma forma insidiosa da guerra, uma guerra pura (intelectual e conceitual) menos afeita à destruição do que à *desrealização do mundo*, uma "desrealização" em que a logística científico-industrial suplanta a estratégia político-militar como esta última, há muitos séculos, suplantou a tática de caça ao homem.

O espaço-tempo da representação ótico-eletrônica do mundo não é mais, portanto, aquele das dimensões físicas da geometria, a profundidade não é mais a do horizonte visual nem a do *ponto de fuga* da perspectiva, mas apenas a da *grandeza primitiva da velocidade, à grandeza deste novo vazio (vazio do veloz) que substitui a partir de agora toda extensão, toda profundidade de campo (geométrica, geofísica...)* e que instala o astro solar, o raio luminoso, como referente supremo, padrão da terra, para além dos meridianos, da toesa, do metro; para além da matéria, dos átomos já que, como sabemos, foi o raio de vinte e um centímetros da molécula de hidrogênio que foi levado para o espaço sideral pela sonda PIONNEER para dimensionar nosso sistema solar. O centro do universo não é mais, portanto, nem a terra do "geocentrismo" nem o homem do "antropocentrismo", *mas antes o ponto luminoso de um "heliocentrismo", ou antes de um* LUMINOCENTRISMO *que a relatividade restrita contribuiu para instalar e em relação ao qual as experiências da relatividade geral indicam a ambição desmedida.*

Desta forma, o "ponto luminoso" sucedeu, nas novas representações da forma-imagem do mundo, ao "ponto de fuga" dos perspectivistas, ou melhor, o ponto luminoso tornou-se o ponto de fuga da velocidade da luz, o não lugar de sua aceleração, aceleração (fotônica, eletrônica...) que hoje contribui para dimensionar os espaços infinitos assim como, na geometria grega arcaica, o *ponto sem dimensão* serviu ao dimensionamento do mundo finito, à numeração aritmética e matemática, à formulação geométrica e geográfica da forma-imagem do "globo planetário".

II

Um outro indício deste retorno a zero do pêndulo do pensamento científico está no atual debate sobre a gênese do universo, a grande maioria dos astrofísicos adotando o *modelo standard* (o BIG-BANG) por oposição aos que sustentam o *modelo estacionário* de um universo isótropo, homogêneo, possuindo uma história *idêntica em cada ponto*. Enquanto que, para os partidários do modelo standard de um universo em expansão, o interesse científico concentra-se essencialmente no *ponto de partida*, a criação do mundo, a origem do espaço, do tempo, da matéria.

Observemos entretanto que nestas duas concepções cosmológicas a questão da profundidade física do espaço é duplicada pela questão da profundidade histórica do tempo. Como o escreveu Evry Schatzman: "Se levarmos em conta que a observação é feita através da luz e que esta se propaga a uma velocidade finita, conclui-se que os objetos são observados em um passado tanto mais remoto quanto mais eles estejam afastados".[10] Mais à frente, falando sobre a teoria do nascimento do universo, ele prossegue: "O fato de trabalhar com distâncias e intervalos de tempo tão grandes, no limite das *possibilidades de experimentação*, permite imaginar uma nova física, modificando as constantes fundamentais, recusando sua própria característica de constantes para transformá-las em grandezas dependentes do tempo". Ou ainda, em nosso entender, *grandezas dependendo unicamente da velocidade, da grandeza primitiva da constante da velocidade da luz*, constante esta que permitiria, nem mais nem menos, reformar todas as constantes fundamentais da física...

Não seria este um novo tipo de *Iluminismo?* um culto solar tardio dissimulado sob a maior pretensão científica possível, ou seja, a de conhecer *a origem das origens* (origens da luz, da matéria, do espaço e do tempo...), e isto ainda que, como observam

---

[10] Evry Schatzman, "La Cosmologie: physique nouvelle ou classique?", *La Recherche*, n° 91.

A fratura morfológica

certos físicos: "Se retornarmos demais no passado, a noção de origem termina por perder todo seu sentido".[11]

Ponto de partida ou ponto de suspensão?... Mas voltemos com Schatzman à teoria da expansão do universo, teoria que é também a de sua contração infinita: "Esta teoria se baseia no fato físico de que, um universo homogêneo e isótropo, no qual todas as partes se atraem segundo a Lei de Newton, encontra-se necessariamente em expansão ou contração. Finito ou infinito, o universo e cada fração dele *estão condenados a lutar contra a atração pelo movimento*". Observamos nesta visão dromológica[12] do universo a importância exclusiva da cosmologia newtoniana, o papel central desempenhado pela constante de gravitação e, ao mesmo tempo, pela constante da velocidade da luz, as duas constantes essenciais — ao lado da constante de Max Planck — na física atual. "A existência da gravitação", confirma Schatzman, "faz com que dificilmente se escape da expansão. *Para cada valor da densidade do universo existe uma velocidade mínima de expansão, caso se queira evitar que ele entre em colapso*, velocidade para a qual a energia cinética do movimento compensa exatamente a energia potencial resultando da gravitação."[13] Estranhamente portanto, a cosmologia newtoniana tem como consequência a necessidade de um universo explosivo no qual, a partir de um estado inicial denso, estado de contração e confinamento inercial praticamente ilimitado, o espaço-tempo teria explodido em uma luz ofuscante que precedeu qualquer fração de matéria-prima; toda esta argumentação explicitando a "catástrofe gravitacional" como única força motriz do cosmos...

Não deveríamos nos espantar hoje com esta *sublimação da explosão*? Como se a criação do mundo, o modo de produção de

---

[11] Evry Schatzman, *idem*.

[12] Relativo a DROMOLOGIA, que Virilio define como o estudo da velocidade. "Dromologia vem de DROMOS, corrida. Portanto é a lógica da corrida. Para mim foi a entrada no mundo do equivalente velocidade ao equivalente-riqueza", explica o autor no volume de entrevistas, com Sylvère Lotringer, *Guerra pura*, São Paulo, Brasiliense, 1984. (N. do T.)

[13] Evry Schatzman, *idem*.

toda "substância", de toda matéria, tivesse sua origem no "acidente", forma de destruição de uma deflagração cujo modelo foi a alta pressão da câmara de combustão dos canhões; como se a física, a astrofísica, encontrassem seus fundamentos teóricos comuns na máquina de guerra; uma máquina de guerra pura, concebida a partir do progresso de conhecimentos experimentais elaborados, ao sair do arsenal, mais precisamente o arsenal de Veneza do qual Galileu foi o hóspede privilegiado.[14] *Modelo catastrofista*, no qual a pólvora, o tubo de artilharia, a bala e a balística dos primeiros "mestres-atiradores" do século XVII assumiram o papel de arquétipo, de "cânone das ciências exatas",[15] inicialmente na percepção *cinemática* do movimento parabólico dos planetas e em seguida na apreensão de sua motricidade, na consciência *energética* da força que age entre eles, a da gravitação... Além disso, seria inútil tentar negar as relações existentes entre o progresso da balística (teórica e prática) e o das ciências astronômicas: de Galileu e Descartes e a sua geometria analítica, cujas célebres coordenadas cartesianas seriam essenciais para a análise do *ponto*, para a organização dos movimentos e do espaço, para a memória de trama, passando por Mersenne,[16] seu correspondente direto, a quem o oficial-filósofo francês perguntava em 1634: "... se uma bala pudesse escapar à gravidade", levando este último a apontar um canhão verticalmente, na expectativa de que o projétil jamais voltasse a cair (experiência análoga porém exatamente inversa à de Galileu). Até Leonhard Euler, autor de um *método de tiro em curva* ainda utilizado pelos atiradores, sem esquecer do general Poncelet, inventor em 1812 da *geometria projetiva*, de Helmholtz e suas experiências no arsenal de Munique... É igualmente revelador observar que, depois de terem se referido frequentemente, des-

---

[14] Paul Virilio, "L'engin exterminateur", *Silex*, n° 10, 1978.

[15] Jogo de palavras intraduzível, pois CANON significa tanto CÂNONE quanto CANHÃO. (N. do T.)

[16] Marin Mersenne (1588-1648), sábio francês, amigo e correspondente de Descartes e de diversos outros sábios. Celebrizou-se pela medição da frequência das notas musicais e da velocidade do som (1636). (N. do T.)

de a Antiguidade, ao movimento dos projéteis de primeira geração (flecha, bala...), os filósofos e os cientistas irão, em seguida, referir--se abundantemente aos veículos de segunda geração (trem, avião, obus, foguete...), com Einstein, Louis de Broglie, Heisenberg entre outros, antes que Bergson, Walter Benjamin, Deleuze ou Barthes se referissem aos diversos vetores de representação técnica (fotografia, cinematografia, holografia), e isto até os mais recentes vencedores do Prêmio Nobel de Física, Steven Weinberg e Ilya Prigogine, reencontrando hoje a caverna platônica, a caixa mágica das origens pré-racionais da ciência.

Se atualmente é obrigatório constatar o aspecto mágico e simbólico da esfera, do círculo, do centro e de sua periferia, desde as altas épocas da cosmogonia até que Einstein explicasse a gravitação como efeito de uma curvatura espaço-temporal do universo (1916), ao que parece, muito frequentemente é omitida a influência do cilindro e da forma tubular na história dos conhecimentos modernos, desde a hidráulica, a inovação da luneta e do estetoscópio (primeiro *media* audiovisual), a invenção do motor monocilíndrico de Huygens (1673), que referia-se explicitamente ao canhão como o "primeiro motor de combustão interna da história" (primeiro media automóvel), passando pelo "tubo a vácuo", já mencionado, da experiência fundamental de Michelson, até o *canhão de elétrons*, o tubo catódico, o laser e a atual utilização da *cavidade ótica* do raio de luz coerente, ou ainda a invenção do cabo de fibra ótica que permite aos centros de telecomunicação passarem da comutação "analógica" à *comutação temporal*.

Sem querer desenvolver aqui um histórico das formas tubulares, o que mereceria uma tese, observemos no entanto sua importância nos recentes desdobramentos das ciências e das tecnologias, assim como na topologia, onde encontramos o matemático Euler às voltas com a elucidação de um problema, desta vez de poliorcética,[17] o das sete pontes da cidade de Königsberg, problema de estratégia dos fluxos da circulação urbana que mais tarde

---

[17] *Poliorcética*: arte de fazer cercos militares. (N. do T.)

resultaria na *teoria das redes*, que hoje beneficia, além da economia, os diferentes sistemas de comunicação e telecomunicação.

De fato, se as ciências nascentes foram ciências da terra, da matéria e dos corpos físicos, *ciências da substância* (geológica, fisiológica, etc.) e se as técnicas primeiras sofreram suas influências e repercussões, as ciências resultantes (contemporâneas e pós-modernas) se nos apresentam como *ciências do acidente* energético, acidente de transferência (eletrônica, luminológica, etc.) relacionado com os fluidos e radiações diversas. Da matéria à luz, os conhecimentos científicos fogem assim, progressivamente, das referências aos "sólidos", mas também, o que é ainda mais inquietante, das referências sólidas, a ponto de sofrer cada vez mais o impacto das "tecnologias avançadas", a ponto de, a partir de agora, lhes dever total ou parcialmente suas *provas materiais*. Existe aí, para a nova física, um importante risco tecnológico ainda não percebido: o risco de um delírio de interpretação resultante de um excesso de mediatização das experiências, em que a relação com o sujeito ou com o objeto da experimentação seria definitivamente perdido em nome do benefício duvidoso de *formas-imagens* de carreira científica cada vez mais curta, uma espécie de *cinematismo da representação científica*, desvinculado de qualquer restrição, de qualquer contexto, humano, ético, em breve científico: tipo de arte pela arte da concepção teórica, "ciência pela ciência" de uma representação do mundo mágico-estatística, cuja tendência pode ser constatada pela recente enumeração das partículas elementares.

A menos que se aceite uma reversão de significação filosófica ao considerar, a partir de agora, "o acidente" como absoluto e necessário e a "substância", toda substância, como relativa e contingente, tomando a "catástrofe" não mais como uma deformação (substancial) mas como uma *formação* (acidental) despercebida — cf. René Thom — e o movimento e sua aceleração (positiva ou negativa) menos como deslocamento do que como *assentamento*, um "assentamento" sem lugar preciso, sem localização (geométrica, geográfica) *a exemplo das partículas da mecânica quântica*, devemos nos resolver a perder o fio de nossos raciocínios, de nossas certezas, em termos de representação. Devemos perder também nossas ilusões morfológicas relacionadas com as dimensões físicas,

A fratura morfológica

a exceção, observemo-lo mais uma vez, *do ponto*, do PUNCTUM, esta abstração figurativa, definitivamente mais resistente do que o átomo e, se necessário, em qualquer época, mais resistente às diferentes concepções de mundo.

Abordamos aqui a *terceira constante da física moderna, a constante de Max Planck*, que, em 1900, afirmava que a energia irradiante possui, assim como a matéria, uma estrutura descontínua e só pode existir sob a forma de *grão* (ou QUANTA de valor HV, onde H é uma constante universal de valor 6,624 x 10-27 CGS e v, a frequência da irradiação) PUNCTUM, QUANTUM; com o princípio da incerteza de Heisenberg e a célebre constante de Planck, não somente a diferença entre matéria e luz se apaga, mas as próprias noções de espaço e tempo são invalidadas...

A crise das dimensões físicas do mundo sensível na era das telecomunicações eletrônicas é acrescida da crise do CONTINUUM inteligível. Uma vez que os grãos de matéria ou de luz, indiferentemente, não são mais localizáveis no quadro do espaço-tempo, assistimos a uma inversão radical, como explica Louis de Broglie: "Não são o espaço e o tempo noções estatísticas, que podem nos permitir descrever as propriedades das entidades elementares, dos grãos; é, ao contrário, a partir de médias estatísticas realizadas a partir das manifestações das entidades elementares que uma teoria suficientemente hábil deveria poder isolar este quadro de nossas percepções macroscópicas que formam o espaço e o tempo". Continuando esta descrição, Louis de Broglie indica ainda: "Pode-se considerar o quadro contínuo constituído por nosso espaço-tempo como sendo engendrado, de certa forma, pela incerteza de Heisenberg, *a continuidade macroscópica resultando então de uma estatística efetuada sobre elementos descontínuos afetados pela incerteza*".[18]

Desta forma, o espaço e o tempo não seriam nada além de realidades estatísticas macroscópicas e o grão, o QUANTUM, "esta entidade física indivisível, este elemento descontínuo que nas pro-

---

[18] Louis de Broglie, *Continu e descontinu en physique moderne*, Paris, Albin Michel, 1941.

fundezas do infinitamente pequeno parece constituir a *realidade última...*".

Para marcar bem aqui a performance científica da "relação de incerteza", De Broglie não hesita nem mesmo em ultrapassar os limites da pesquisa teórica para declarar: "A verdadeira física quântica seria sem dúvida uma física que, renunciando às ideias de posições, de instantes, de objetos e de tudo o que constitui nossa intuição habitual, partiria de noções e hipóteses puramente quânticas e, se elevando em seguida aos fenômenos estatísticos em escala macroscópica, nos mostraria como, da realidade quântica da escala atômica, pode emergir, através do jogo das mídias, o quadro de espaço-tempo válido na escala humana".

O abalo que a nova ciência provocou no quadro espaço-temporal utilizado pela física clássica operou ainda, o que é mais facilmente compreensível, uma *crise do determinismo*. Na antiga física matemática, o quadro "espaço-tempo" era tido como algo dado a priori; neste quadro vinham se posicionar as entidades físicas e sua evolução era considerada como rigorosamente determinada, a partir de um estado inicial que se supunha conhecido (através das equações diferenciais ou das derivadas parciais). Tal era o ponto de vista da física pré-quântica: ele realizava, em um sentido amplo, a descrição através de figuras e movimentos desejada por Descartes.

O ponto de vista da física quântica é completamente diferente. As relações de incerteza nos impedem de conhecer, ao mesmo tempo, a figura e o movimento: no caso de uma partícula elementar, ou bem medimos sua velocidade e ignoramos sua posição ou podemos conhecer com exatidão sua posição, mas ignoramos sua velocidade... É exatamente isto que foi confirmado em 1982 por Alain Aspect, físico do Instituto de Ótica de Orsay, em uma experiência de valor histórico assegurado.[19]

---

[19] Três experiências realizadas no Instituto de Ótica de Orsay por Aspect, Dalibard, Grangier e Roger.

III

Esta longa incursão pela física pode parecer inutilmente árdua, mas não realizá-la seria menosprezar o efeito de modelização, o efeito de real dos modelos teóricos sobre a geometria prática, o espaço e o tempo das diferentes representações espaciais, arquitetônicas ou urbanísticas. *Compreende-se que a crise das dimensões físicas, enquanto crise das medidas, faz par com a crise do determinismo*[20] e afeta hoje o conjunto das representações do mundo.

A partir do momento em que conhecemos a importância das figuras, do movimento e da extensão na organização e ordenação do espaço, podemos facilmente adivinhar o efeito de sua relativização (estatística), ou mesmo de sua súbita desrealização causada pelas tecnologias da representação auxiliada por computador. Se, a partir de agora, a representação teórica na escala microscópica (as partículas atômicas) é resultado da mecânica quântica, ou seja, do QUANTUM de ação, de energia, este grão de matéria ou de luz (neutron, elétron, fóton...) e da incerteza de sua velocidade ou de sua posição, em um meio fundamentalmente incerto, a representação prática na escala macroscópica (humana) torna-se o efeito de uma espécie de mecânica PUNTICA (alfa-numérica) que, se por um lado parece sacrificar as coordenadas cartesianas clássicas às capacidades da memória de trama, por outro repousa também, e de forma essencial, sobre as videoperformances de um PUNCTUM de ação, o PIXEL (ou ponto luminoso da ótica eletrônica), a *forma-imagem sintética* resultando não somente das propriedades codificadas no programa, mas também e sobretudo do vetor-velocidade de realização, vetor-velocidade de partículas elementares (elétrons) que nos lembra, como se fosse necessário, que a "telemática" não resulta somente da associação da informática com a transmissão instantânea a distância, mas antes do efeito de instantaneidade de emissão local de uma figura, de um movimento ou de uma extensão aparente na *interface* de uma tela; figura analógica ou digital que, por sua vez, resulta da ausência de campo, de

---

[20] Jean Petitot, *Traverses*, nº 24 (*Géometrie du hasard*), 1982.

profundidade de campo, já que esta "profundidade" é apenas a das videoperformances temporais do PIXEL. A antinomia clássica das noções de *campo* (contínuo) e de grão, de ponto (descontínuo) sendo reencontrada na própria ambiguidade da noção de interface, ou seja, na atual mutação da antiga "limitação" em "comutação" — comutação que deixa de ser *analógica* (valor físico contínuo, extensão, ângulos...) para se tornar *digital* (números, numeração descontínua...) ou antes *temporal*; percebemos melhor agora a importância teórica e prática da noção de interface, esta nova "superfície" que anula a separação clássica de posição, de instante ou de objeto, assim como a tradicional divisão do espaço em dimensões físicas, em benefício de uma *configuração instantânea*, ou quase, em que o observador e o observado são bruscamente acoplados, confundidos e ligados por uma linguagem codificada,[21] de onde a ambiguidade da interpretação das formas-imagens representadas, ambiguidade que, observemos, também encontra-se nas mídias audiovisuais, particularmente na televisão ao vivo e na incerteza da situação das imagens televisadas, assim como na geometria de sua retransmissão, e isto apesar do uso da teoria das redes...

A ambiguidade de interpretação a que nos referimos aqui não é absolutamente da ordem da inteligibilidade dos "fatores" (dados memorizados, figuras digitalizadas...), mas antes, como escrevemos anteriormente, da ordem da maior ou menor *sensibilidade* dos "vetores", vetores de representação que, na interface eletrônica, afetam a ordem das sensações, mas, sobretudo, a capacidade de se ter ou não sensações; daí a crescente neutralização, na televisão, por exemplo, dos apresentadores-jornalistas e dos telespectadores diante desta "luz-matéria-prima" da informação mediatizada. O indeterminismo afeta, portanto, não somente o domínio da física das partículas e da filosofia da ação, mas atinge também, apesar das aparências, o campo das estatísticas e da informática.[22]

---

[21] Edmond Couchot, *Traverses*, n° 26 (*Rhétorique de la technologie*), 1982.

[22] Michel de Certeau, *Traverses*, n° 26.

O desequilíbrio entre a informação direta de nossos sentidos e a informação mediatizada das tecnologias avançadas é hoje tão grande que terminamos por transferir nossos julgamentos de valor, nossa medida das coisas, do objeto para sua figura, da forma para sua imagem, assim como dos episódios de nossa história para sua tendência estatística, de onde o grande risco tecnológico de um delírio generalizado de interpretação. A partir do momento em que escrevemos, por exemplo, que a transparência (instantânea) substitui as aparências (sucessivas) dos objetos, das figuras, isto não quer dizer que tenhamos reencontrado um espaço de tempo, um CONTINUUM morfológico: reencontramos na interface uma forma-imagem onde o que faz "superfície" é menos o espaço do que o tempo, já que *a profundidade é somente a da grandeza primitiva da velocidade* (o vazio do veloz), a profundidade oriunda deste vetor de transmissão instantânea de dados que afeta não só a consciência dos usuários, como também as figuras, os movimentos, a extensão representada.

Para demonstrar melhor a importância reencontrada nesta noção de *transparência*, ligada à de interface, o advento deste "para além" das aparências sensíveis, retomemos, com Benoît Mandelbrot, a noção de dimensão: "O que é exatamente uma dimensão física? Aí está uma noção intuitiva que parece remontar a um estado arcaico da geometria grega, que está ligada às relações entre *figura* e *objetos*, o primeiro termo devendo ser reservado para idealizações matemáticas e o segundo para dados do real. Nesta perspectiva, objetos tais como uma *pequena* bola, um véu ou um fio extremamente finos, deveriam ser representados por figuras tridimensionais, assim como uma *grande* bola. Mas, na realidade, todo físico sabe que deve-se proceder diferentemente e que é bem mais útil imaginar que um véu, um fio ou uma bola, *quando suficientemente finos*, estão respectivamente mais próximos das dimensões 2, 1 e 0". (Observe-se aqui a utilidade prática da narrativa do grande e do pequeno, narrativas ligadas às características antropomórficas do observador.) "Em outros termos", prossegue Mandelbrot, "a dimensão física possui inevitavelmente uma base pragmática, e portanto subjetiva, *ela é ligada a um determinado grau de resolução*. Para provar isto, demonstremos que um objeto complexo, no caso um novelo de 10 cm de diâmetro feito com um fio de 1 mm de diâmetro, *possui, de forma relativamente latente,* diversas dimensões físicas distintas. No grau de resolução de 10 metros, o novelo aparece como um ponto, e portanto como uma figura adimensional; no grau de resolução de 10 centímetros, é uma bola, e portanto uma figura tridimensional. No grau de resolução de 10 milímetros vê-se um conjunto de fios, logo uma figura unidimensional; no grau de resolução de 0,1 mm, cada fio transforma-se em uma espécie de coluna e o todo passa a ser uma figura tridimensional; no grau de resolução de 0,01 mm cada coluna se define em fibras filiformes e o todo volta a ser uma figura unidimensional e assim sucessivamente, *com o valor da dimensão variando incessantemente.* Em determinado nível de análise, o novelo é representado por um número finito de átomos pontuais e o todo torna-se novamente adimensional."[23]

Se esta interpretação evidencia, por um lado, a observação analógica e, por outro, a resolução digital das figuras representadas, ela serve ainda para ilustrar a transparência e os meios técnicos desta transparência, acrescida das aparências do objeto representado: aproximação em direção à bola de 10 m para 10 cm e, em seguida, a utilização de lupas com lentes adicionais, de microscópios cada vez mais performantes ou videoperformantes. Ora, este *deslocamento* não é neutro, como todo movimento, implica uma *velocidade específica* para cada deslocamento (humano, ocular, ótico ou ótico-eletrônico no caso do microscópio eletrônico), e esta velocidade influi sobre a representação em questão e engendra uma *decupagem* que, se não chega a ser "dimensional", no sentido arcaico do termo, vai certamente influir sobre o resultado da observação científica, de onde a célebre *variação do valor dimensional,* variação cinemática que não existiria se levássemos em conta o "vetor-velocidade" de projeção e de observação, encadeando em um longo *plano-sequência* as escalas de visão e os diversos graus de resolução da imagem, alcançando então uma trans-

---

[23] Benoît Mandelbrot, *Les Objets fractals*, Paris, Flammarion, 1975 [ed. port.: *Os objetos fractais*, Gradiva, Lisboa, 1991].

parência sem precedentes. *É exatamente isto, a grandeza da velocidade*, uma grandeza inigualável, uma "profundidade de tempo" que escapa às limitações comuns devidas tanto à resistência dos materiais quanto à localização mais ou menos distante dos objetos observados. A decupagem das dimensões, portanto, sejam elas *inteiras* (de 0 a 3) ou *fracionárias* (como prefere Mandelbrot), não se deve somente ao objeto observado, em consequência dos graus de resolução das figuras e das imagens, mas é também efeito das diferentes *sequências de tomadas* e da maior ou menor velocidade de execução de sua "montagem", montagem cinemática, cinematográfica ou videográfica da qual finalmente nos tornamos conscientes através do progresso constante *dos meios de comunicação da dimensão* (telescópio, microscópio, telemetria...), meios óticos ou ótico-eletrônicos que não são fundamentalmente diferentes dos meios de telecomunicações (televisão ou telemática), ou ainda dos meios de transporte físico de pessoas, já que é mais uma vez esta *grandeza primitiva do veículo rápido* (TGV, Concorde...) que faz de Paris um subúrbio de Valência, e de Nova York a grande periferia da Île-de-France...

Se, segundo a teoria da relatividade, a velocidade dilata o tempo no momento em que contrai o espaço, resultando assim na negação da noção de dimensão física, deve-se retomar a questão: "O que é portanto uma dimensão?". Em seu ensaio, Mandelbrot repete que a dimensão se define por seu grau de resolução e que o resultado numérico depende das relações entre o objeto e o observador, ou seja, *da natureza da separação entre o observado e o observante*; as dimensões físicas não sendo nada mais do que mensagens fragmentárias que a geometria arcaica não deixa de interpretar ou, antes, de interpretar equivocadamente, de onde a *ilusão de ótica das dimensões inteiras*, ilusão esta originada na insuficiência dos meios de observação antigos... Esta proposição parece exata, porém incompleta, já que a verdadeira "dimensão" (DIMENSUS: MEDIDA) tem a ver não somente com o grau de resolução da *forma-imagem* considerada (geométrica, matemática...), mas ainda com a celeridade desta, com o valor da *mediação dimensional* não deixando de se transformar (de saltar dromoscopicamente) de acordo com o progresso da velocidade de configuração, *os meios*

*de comunicação da dimensão (agrimensura, luneta, telemetria...)
sendo simultaneamente os meios de exterminação da dimensão
aproximada.* Aliás, é exatamente isto o que iremos verificar com
Richardson e a medição da extensão aproximada da costa da Bretanha, operação inversa, observemos, da realizada no século XVIII
por La Condamine e seus companheiros agrimensores, ao medir o
arco do meridiano terrestre, já que, desta vez, a retificação do caminho ou aplainamento do terreno, ao invés de serem desejadas,
são, desde o início, rejeitadas: "Se a costa fosse reta, o problema
estaria resolvido", explica Mandelbrot, "mas, uma vez que esta
costa selvagem é extremamente sinuosa, pode-se imaginar que um
homem caminhe ao longo dela evitando ao máximo afastar-se dela
e medindo assim a distância percorrida; depois recomeça-se tornando a distância máxima do homem à costa cada vez menor. Em
um determinado momento, por uma questão de exatidão, será
necessário substituir nosso homem por um camundongo, em seguida por uma mosca e assim sucessivamente. Quanto mais próximo da costa possamos nos manter, maior será inevitavelmente
a distância a percorrer, *obtendo-se assim uma distância final tão
grande que podemos considerá-la, sem qualquer inconveniente
prático, como infinita...* O antropocentrismo intervém portanto de
uma forma ou de outra", conclui Mandelbrot, "e o conceito aparentemente inofensivo de extensão geográfica se revela como não
totalmente objetivo, já que o observador intervém inevitavelmente em sua definição."[24]

Medir é portanto deslocar, não somente deslocar-se para tomar as medidas, mas ainda deslocar o território em sua representação, sua redução geométrica ou cartográfica; deportar a realidade morfológica do território para uma configuração geodésica que
possui apenas um valor relativo e momentâneo.

Dimensionar é, de certa forma, defasar, defasar em relação
ao observador, este geômetra, este voyeur-agrimensor que produz
a medida no instante em que provoca seu próprio deslocamento.
Mas este movimento produtor de *grandeza*, de extensão aproxi-

---

[24] Benoît Mandelbrot, *idem.*

A fratura morfológica

mada, pode ser acelerado pela utilização de um meio de deslocamento (de transporte ou de transmissão), fator que é omitido no estudo das variações da extensão aproximada da costa da Bretanha, e que também está dissimulado na expressão aparentemente inofensiva "Se a costa fosse reta, o problema estaria resolvido", o aspecto temporal de toda medição, de toda tomada, aspecto que as tecnologias avançadas tornam cada vez mais evidente com o progresso dos transportes, das transmissões e da telemetria. As figuras do homem, do camundongo ou da mosca que medem o litoral bretão não são nada mais do que os aspectos (antropomórficos e zoomórficos) de uma velocidade de deslocamento específica. Imaginemos por um momento um vetor de deslocamento mais rápido para acelerar cada um destes sujeitos e mais uma vez tudo estará metamorfoseado: *de um lado a extensão tende ao infinito*, este é o aspecto morfológico do problema, *de outro e simultaneamente, a extensão aproximada tende a zero* devido à aceleração da medição, isto se dando independentemente da natureza do agrimensor, já que esta "natureza" é inseparável de sua velocidade de deslocamento, a célebre reta, resolução do problema da medição da extensão da costa da Bretanha e resolução de sua forma-imagem se reinscrevendo (na escala do agrimensor em questão) nesta "profundidade de tempo", nesta duração ou extensão de tempo da qual a velocidade tornou-se o vetor privilegiado.

Existem portanto dois tipos de acidentes, de sinuosidades que recortam o litoral medido: *o acidente de terreno* em consequência do relevo (macroscópico, microscópico) e *o acidente de transferência* (transporte físico, transmissão eletrônica) devido às mudanças de velocidade do agrimensor, esta "cabeça de leitura" do CONTINUUM em questão.

Uma outra questão se faz necessária aqui: se a reta é o caminho mais curto entre dois pontos, *deve-se considerar o postulado de Euclides como uma sublimação da velocidade?...* De fato, desde o início do século temos assistido ao desaparecimento progressivo da *distância-espaço* (metro, quilômetro) e, há pouco tempo, também estamos assistindo ao desaparecimento pretensamente progressista da *distância-tempo*, com o avanço das tecnologias de ponta (telemétrica, telemática e supersônica). A medida da exten-

52   O espaço crítico

são e do movimento é, a partir de agora, quase que exclusivamente a medida de um vetor técnico, meio de comunicação ou de telecomunicação que dessincroniza o tempo do espaço do trajeto, da mesma forma como o geômetra do passado defasou sua realidade geomorfológica tentando dimensioná-la, submetendo os terrenos, a terra como um todo, aos sistemas de deslocamento de uma representação geométrica e geodésica. É preciso reconhecer que hoje em dia os sistemas e instrumentos de medida são menos *cronométricos* do que *cinemométricos*; não é mais o tempo de passagem que serve como padrão para o espaço percorrido, mas sim a velocidade, a *distância-velocidade*, que tornou-se a medida, a dimensão privilegiada tanto do espaço quanto do tempo.

Nos transportes supersônicos, por exemplo, o velocímetro não mais registra os quilômetros percorridos, medindo apenas a intensidade de aceleração, este *machímetro* que é apenas a relação entre a velocidade de um móvel e a velocidade do som na atmosfera onde o primeiro se desloca. Mas esta "unidade de medida" não é uma verdadeira unidade de velocidade, pois a própria velocidade do som é proporcional à raiz quadrada da temperatura absoluta. A última unidade de medida, o último *padrão de transferência* é portanto, como vimos anteriormente, a velocidade absoluta, ou seja, a velocidade da luz.

Culto solar tardio, o brilho do sol tornou-se o padrão da relatividade, o padrão de transferência de toda realidade.

A luz da velocidade ilumina o mundo, a matéria, no momento em que lhes dá uma representação, mas uma representação na qual a violência de sua fusão, a potência de sua emissão, substituíram a trajetória do sol da aurora ao ocaso. De fato, o dia e a noite deixaram de organizar a vida, a cidade, a partir do momento em que o espaço e o tempo perderam sua importância prática para dar lugar a uma maior transparência, a uma maior profundidade, profundidade cinemométrica em que a luz subitamente adquire o status de "matéria-prima". Neste dia-falso, não há mais diferença sensível entre o espaço oculto das representações microscópicas e o espaço visível das percepções macroscópicas; trata-se aí da própria *fratura morfológica*, origem desta confusão cuidadosamente sustentada entre o espaço e sua forma-imagem, entre o tempo e sua desrealização técnica. Um mesmo desvelamento sinótico se dá aqui: *as grandes distâncias não ocultam as aparências do mundo distante mais do que a opacidade dos materiais oculta o estado íntimo da matéria*. Esta "transparência", que não deve ser confundida com uma dimensão física qualquer, esta não separabilidade a um só tempo quântica (o infinitamente pequeno) e ótica, ótico-eletrônica (o infinitamente grande), deveria nos remeter de Euclides, cujo postulado implicava uma velocidade propícia, a Galileu, para destacarmos que sua luneta, *sua luneta astronômica prefigurou as mais altas velocidades de aproximação possíveis*, de onde a ambiguidade de interpretação mencionada anteriormente, o conflito entre a *teologia* católica e a *teleologia* científica em relação às formas-imagens da ótica então nascente, conflito este do qual o sábio foi vítima.

Finalmente, o conflito de interpretações entre o astrônomo e a Igreja sobre a forma e o movimento do planeta dissimulou um aspecto essencial em que transparecia, pela primeira vez talvez, para além das aparências imediatas, a grandeza primitiva da velocidade da luz, o caráter motor das lentes adicionais do "telescópio", primeiro vetor rápido da história, surgido bem antes das máquinas de propulsão, máquinas que muito mais tarde proporcionaram a verificação, em tamanho natural, da proximidade aproximada ou antes teleobservada.[25] No século XVII os teólogos seriam levados a colocar uma questão extremamente pertinente: "Uma missa assistida através de uma luneta tem valor? Deve-se considerar que o fiel que teleobserva desta forma a liturgia dominical tenha assistido realmente aos ofícios religiosos?"... A resposta era negativa; a assistência à missa televisada não é, ainda hoje, reservada aos idosos, aos doentes e aos deficientes? Diversos problemas socioculturais e geopolíticos se dissimulam sob este tipo de

---

[25] Em 1971, no momento da missão Apollo que iria permitir a Armstrong pisar sobre a lua, assisti a um fenômeno impressionante: ao assistir, por volta das duas horas da manhã, o desembarque do primeiro homem na lua, eu podia ver o astro das noites ao mesmo tempo na tela da minha televisão e em minha janela. Ver a este respeito: "Le Littoral vertical", em meu livro *L'Insecurité du territoire*, Paris, Stock, 1976.

54   O espaço crítico

interpretação, problemas que não se deve tentar resolver apressadamente na medida em que dizem respeito, em primeiro lugar, à *proximidade urbana*, à unidade de vizinhança física dos bairros da Cidade, primeira proximidade massiva da história do povoamento do espaço e da organização dos territórios, que hoje entra em conflito aberto com a das telecomunicações.

Nos confins da teleologia e da topologia (das redes, dos fluxos) existe atualmente de forma latente, virtual, uma *tele-topologia das formas-imagem* que é apenas a expressão superficial e momentânea de uma torção, de uma distorção do vetor-velocidade (de transporte ou de transmissão).

O fim da *delimitação* das superfícies, dos volumes, assim como de toda extensão física em benefício da *comutação* instantânea da interface parece fazer par ao princípio da incerteza e à afirmação, hoje em dia renovada, da *não separabilidade* das partículas elementares nos acontecimentos da mecânica quântica. Com esta espécie de apercepção *tele-topológica*, se o PUNCTUM reencontra sua importância primeira e se a luz torna-se subitamente matéria-prima, a transparência em si torna-se uma substância, um material novo que não é mais exatamente o espaço/tempo e que deve ser analisado, inventariado, até atingir um grau de pureza insuspeito, "grau de pureza" que corresponde ao *grau de resolução da forma-imagem considerada* (infinitamente grande ou pequena), de onde a utilidade, a necessidade teórica e prática do analisador vetorial, este vetor velocidade de representação que se tornou a última "dimensão" de nossa percepção.

Tudo isto foi verificado quimicamente com o surgimento recente de materiais novos que possuem propriedades análogas, como o plexiglas, as resinas transparentes dos materiais plásticos, etc., assim como com a inovação, desta vez eletrônica, das diversas telas de vídeo, terminais ou monitores, tubo catódico ou tela matricial, tela de plasma, até a *holografia* obtida através das performances do raio de "luz coerente" do laser... Esta tendência, constante desde o AUFKLÄRUNG, confirmou-se ainda com os recentes desenvolvimentos dos meios de investigação microscópica e a pesquisa das *cavidades últimas* dos materiais densos, através das videoperformances do novo microscópio eletrônico de varredura

A fratura morfológica

que, ao contrário do microscópio eletrônico de transmissão (MET), reproduz a terceira dimensão *aparente* do infinitamente pequeno, assim como possibilita "planos-sequência" sob diferentes ângulos de tomada de imagens.

Reencontramos aqui um aspecto da *crise das dimensões inteiras*, com a noção de densidade global da matéria, questão que, pode-se dizer, prolonga a da extensão aproximada citada anteriormente: "Sabe-se", escreve Mandelbrot, "que a densidade média da matéria decresce continuamente quando se leva em conta volumes cada vez maiores, e as observações não nos dão nenhum motivo de supor que esta tendência não prossiga em relação a distâncias muito maiores e densidades bem menores".

Nesta visão tele-topológica, o universo "inteiro" se comportaria, portanto, como o novelo de lã: "Em uma zona mediana", prossegue Mandelbrot, "sua dimensão seria inferior a 3: em escalas muito grandes, ela seria inferior ou igual a 3. Em todo caso, em relação às escalas muito pequenas do ponto de vista da astronomia, *onde encontramos sólidos com bordas delimitadas, a dimensão voltaria a ser igual a 1 e depois a 3"*.

A fratura morfológica, portanto, não poupa a extensão e a espessura da matéria, nem tampouco as supostas dimensões inteiras. Mas é preciso que se repita ainda uma vez que, dado que as massas mais ou menos *densas* e os *comprimentos* maiores ou menores são funções da velocidade (Einstein), esta aparente ruptura do CONTINUUM tem a ver menos com o espaço mensurado, analisado, do que com o efeito da celeridade, esta celeridade que a partir de então mostra ser menos uma "aceleração" do que uma "iluminação", menos uma velocidade do que uma luz subliminar, *luz da velocidade* (da luz) que ilumina o mundo no momento em que dá a este uma representação.

Uma vez que o visível é apenas o efeito de superfície (interface) da instantaneidade da emissão luminosa e que, além disso, o que passa cada vez mais rápido no nível ocular é percebido cada vez menos nitidamente, devemos reconhecer que o que pode ser visto no campo perceptivo o é graças à intermediação de fenômenos de aceleração e de desaceleração *inteiramente identificáveis com as intensidades de iluminação*. Se a velocidade é a luz, toda a luz, então a aparência é o que se move, e as aparências são transparências momentâneas e enganosas, dimensões do espaço que não passam de aparições fugitivas, assim como as figuras, os objetos percebidos no instante do olhar, *este olhar que é, a um só tempo, o lugar e o olho.*

As fontes de velocidade (gerador, motor, semicondutor, microprocessador...) são portanto fontes de luz e de imagens, de "formas-imagem" do mundo quando se trata das dimensões deste último. Provocando a aparição e o desenvolvimento das *grandes velocidades*, a revolução científica e industrial contribuiu para desenvolver também um grande número de fórmulas e de clichês relacionados à nova representação das diferentes grandezas físicas. A revolução dos transportes e das transmissões provocou desta forma a industrialização da empresa artesanal das aparências (geometrais, picturais, arquiteturais...). *Fábrica de velocidade* e portanto de luz e de imagens, esta tornou-se subitamente *projeção cinemática da realidade*, fabricação do mundo, de um mundo de imagens artificiais, *montagem de sequências em que a ótica da ilusão motora renova a ilusão de ótica.*

Através da constante renovação das relações entre a aparência e o que se move (de Copérnico a Newton, passando por Galileu e Descartes), a geometria ocidental operou a regulagem das diversas *forças de penetração* (motricidade energética) e das diversas *formas de representação* (a ótica cinemática). Através da atualização das aparências, revelando a matéria como perspectiva, ou seja, como dimensão objetiva, a empresa geométrica acelerou sua dissipação, sua fragmentação infinita, no próprio ritmo da exterminação das distâncias e das dimensões, *a velocidade permitindo, enfim, romper sem dificuldade a distância entre a física e a metafísica.*

IV

A profundidade de tempo sucedendo assim às profundidades de campo do espaço sensível, a comutação da interface suplantando a delimitação das superfícies, a transparência renovando as aparências: não estaríamos no direito de nos perguntar se o que insistimos em chamar de ESPAÇO não seria tão somente a LUZ, uma luz subliminar, para-ótica, em relação à qual o brilho do sol seria apenas uma fase, um reflexo, e isto em uma duração cujo padrão seria menos o *tempo que passa* da história e da cronologia do que o *tempo que se expõe* instantaneamente; o tempo deste instante sem duração, um "tempo de exposição" (de superexposição ou subexposição) cuja existência teria sido prefigurada pelas técnicas fotográficas e cinematográficas, tempo de um CONTINUUM privado de dimensões físicas, em que o QUANTUM da ação (energética) e o PUNCTUM de observação (cinemática) teriam se tornado subitamente as últimas referências de uma realidade morfológica desaparecida, transferida para o eterno presente de uma relatividade cuja espessura e profundidade topológica e teleológica seriam as deste último *instrumento de medida*, esta velocidade da luz que possui uma direção que é, a um só tempo, sua grandeza e sua dimensão e que se propaga com a mesma velocidade em todos os azimutes...

"O tempo é o ciclo da luz", escrevia há meio século o teólogo protestante Dietrich Bonhoeffer. Parafraseando Leibniz e substituindo, como se tornou legítimo, a palavra "matéria" por "luz", não poderíamos acrescentar hoje: "O espaço não é nada sem a luz", esta matéria-luz que representa para a apercepção energética do cosmos contemporâneo o que o éter ainda ontem representava para os físicos e outros metafísicos...

Diante desta concepção hiper-realista do universo, esta súbita desregulamentação das aparências físicas em que a localização e a identificação perderam progressivamente seu significado, assim como as distinções de "fundo", de "forma", de posição e de disposição no espaço-tempo, seria conveniente que nos perguntássemos sobre o status filosófico da relatividade. "Toda imagem tem um destino de crescimento", explicava Bachelard em sua poética do espaço; foi exatamente o que aconteceu às antigas superfícies de inscrição (gráfica, fotográfica e cinematográfica) com o advento da interface. Este conceito recente, esta concepção das "superfícies-suporte" que concede um volume ao que não o possui visivelmente e que, inversa e simultaneamente, priva de volume o que se estende ao longe, tende agora a substituir diversos termos que antes designavam as propriedades físicas do espaço (delimitação, dimensão, etc.) e amanhã, quem sabe, chegue mesmo a substituir o próprio espaço-tempo...

A partir do momento em que, por exemplo, afirma-se que *o espaço é nada mais do que uma noção estatística*, a partir do momento em que nos afastamos das percepções sensíveis, em benefício de apercepções tecnológicas no limite da inteligibilidade, como o fizeram os adeptos da mecânica quântica ou os astrofísicos em relação à gênese do universo, *contribui-se para transformar o espelho em um corredor*, um lugar de passagem obrigatória do narcisismo científico, para além de toda reflexão, de onde a invenção destas "matemáticas transcendentes" (que conta com a participação de Lewis Carroll), desta *logística matemática* em que as representações do contínuo e do descontínuo se comunicam.[26]

A "superfluidez" e a "supracondutividade" que se observa em determinados materiais densos submetidos a temperaturas extremamente baixas e que são *efeitos quânticos macroscópicos* prefiguram admiravelmente esta "não separabilidade" tele-topológica, a generalização futura da noção de interface, este crescimento provável de uma "forma-imagem" oriunda das tecnologias avançadas (videográfica, infográfica, holográfica...). Finalmente, *a interface surge como uma repercussão prática da noção teórica e relativista de* CONTINUUM. Sem esta última noção, a primeira provavelmente jamais veria o dia, mas este "dia", observemos, se aproxima muito do dia dos metafísicos, nada tem de comum com o dia de nossas atividades cotidianas, a "luz" de que se trata aqui não é mais a da astronomia, a do astro solar, mas apenas a luz da *teoria*,[27] de uma teoria energética surgida no início do século (1905) ao mesmo tempo em que o cinematógrafo dos irmãos Lu-

---

[26] Dentre as disciplinas de matemática transcendental do século XX, a logística é, de todas, a mais introspectiva: trata-se de uma notação que permite enunciar e tratar diversas proposições através da colocação em destaque de continuidades e descontinuidades.

[27] Teoria, procissão, desfile, processo...

A fratura morfológica

mière e a aviação, estes grandes vetores de transformação (audiovisual, automóvel) das aparências sensíveis.

Desta forma, com Einstein, mas sobretudo com a revolução dos transportes e das transmissões, se impõe a ideia, a *ideografia* de um espaço em quatro dimensões, *um espaço em que o movimento retilíneo e uniforme desempenha o papel da linha reta no espaço euclidiano em três dimensões*. A velocidade do postulado de Euclides não é mais sublimada, há um amálgama do espaço e do tempo, esta fusão/confusão de duas variáveis até então inconciliáveis abre o caminho para outras probabilidades ao introduzir novas variáveis. É então que os *hipervolumes* e *hiperespaços* generalizarão as noções, desta vez costumeiras, de conteúdo (volume) e superfície (extensão), as quais conduzirão mais tarde à generalização da *interface*.

Se, desde 1919, três anos portanto depois da teoria da relatividade geral, Hausdorff introduzia a noção de *dimensão generalizada*, suscetível de assumir todos os valores possíveis (fracionários e irracionais), a partir de Von Koch (1904) e sobretudo Peano, um dos inventores da logística matemática e da ideografia, o princípio da *fragmentação infinita das dimensões físicas* só seria desenvolvido recentemente, como vimos antes, por Benoît Mandelbrot, aluno de Paul Lévy na Politécnica.

Com esta deriva das figuras e figurações geometrais, a fratura das dimensões e as matemáticas transcendentais, atingimos os ápices "surrealistas" da teoria científica, ápices que culminam, me parece, com o teorema de Kurt Gödel: *a prova existencial*,[28] método que prova matematicamente a existência de um objeto sem produzi-lo... teoria que, com Von Neumann, um dos promotores da arma atômica, resultará na célebre "teoria dos jogos", teoria esta que estará na base da estratégia nuclear americana. Este último cientista, por sinal, deu uma definição da interface relativista depois de ter sofrido um acidente automobilístico: "Coisa curiosa, as árvores à minha direita desfilavam regularmente a 100 quilô-

---

[28] Kurt Gödel (Princeton). A lógica simbólica produziu um teorema importante e curioso: a prova de Gödel, método que prova a existência de um objeto sem o produzir.

metros por hora quando uma delas deu um passo para fora da fileira".[29] Ele retomou assim a descrição do eterno presente de Einstein: "Os acontecimentos não chegam até nós, eles estão lá e os encontramos de passagem".

Aqui, a árvore encontrada na estrada pelo matemático Von Neumann existe menos como *objeto* do que como *figura*, fração de figura, fratura de uma configuração (energética e cinemática), ilusão de ótica da motricidade em que o espaço e o tempo são confundidos em uma espécie de presente permanente; *acidente de transferência* energética, encaixe entre a árvore imóvel e o automóvel que ilustra o acidente de transferência cinemático, o do telescópio de Galileu... Aliás, se analisarmos o termo francês *télescopage*,[30] podemos constatar suas duas acepções: "examinar à distância (através do telescópio) e misturar indiscriminadamente (*télescoper*)".

A ilusão de ótica da luneta, que consiste em aproximar o distante para examiná-lo, e a do automóvel, que consiste em misturar indiscriminadamente o próximo e o distante, o animado e o inanimado; o trajeto das aparências assemelha-se aqui a alguma perturbação da percepção, o caminho percorrido pelo automóvel seria um encaixe (abusivo) do distante no próximo, a função do veículo automóvel sendo menos a de transportar o passageiro do que *fazer com que a realidade física, de certa forma, se desloque, modificar através de qualquer lente ou qualquer instrumento ótico os diferentes planos da experiência visual.* Abolindo assim nossos conhecimentos das distâncias e dimensões (conhecimento e reconhecimento), a função dos meios de comunicação seria menos deslocar os usuários do que defasá-los em relação a seu ambiente imediato.

---

[29] Paul Virilio, "La dromoscopie ou la lumière de la vitesse", *Critique*, vol. 34, n° 370, 1978.

[30] Na frase anterior, traduzimos este termo como "encaixe". Virilio joga, aqui, com o duplo sentido da palavra francesa *télescopage*: um choque violento, resultando em interpenetração dos objetos envolvidos; ou, em um sentido menos comum, que remete à raiz do termo, "examinar à distância", conforme o autor explica a seguir. (N. do T.)

A fratura morfológica

"A forma é o fundo que volta à superfície", escreveu o velho Hugo... Esta outra definição de interface nos prova a transmutação operada aqui, uma transmutação das aparências sensíveis em que a superfície não é nada mais do que um "efeito de superfície" momentâneo, o traço, um "efeito de trajeto" instantâneo, e o volume é somente uma perspectiva acelerada, ou seja: *uma anamorfose*.

Apenas o ponto resiste, esta ausência, esta "suspensão" das dimensões físicas que, contrariamente ao átomo, não se desintegra jamais, já que é a realidade última, a referência figurativa de todas as *desintegrações*, de todas as *fraturas* (matemáticas, morfológicas...), mas também de todas as *interrupções* (duráveis ou momentâneas) já que a matéria que é extensão no espaço o é também e simultaneamente no tempo...

Por que deveríamos nós nos assombrar diante das supostas propriedades dos "buracos negros" do espaço sideral? Todos os nossos PUNCTUM de observação, todos os nossos QUANTUM de ação não seriam exatamente os buracos negros do pensamento científico? Os *pontos negros* de um percurso em que começam e terminam nossas representações racionais como exprimiu maliciosamente Bachelard: "O pecado original da razão é ter uma origem". Segundo as últimas teorias sobre a origem das origens, o princípio de casualidade do universo seria menos uma substância, uma "matéria-prima" qualquer do que um acidente, um acidente absoluto e necessário que a partir de determinado momento tornou toda substância relativa e contingente, *um acidente original que representaria para a razão e para as ciências humanas o que o pecado original foi para a natureza humana*...

Diante desta inversão que afeta e afetará amanhã a representação dos diversos estados da matéria e também a do arquitetônico, a pergunta de Hegel — "Como obter um começo na filosofia?" — só encontra resposta através de um "golpe de força", um acidente que entroniza a razão no lugar do "golpe de misericórdia" de Deus ou, se preferirmos, da substância criada.

É por isto que, como nos diz ainda o teólogo Dietrich Bonhoeffer: "A filosofia sistemática é o desespero a propósito de seu próprio começo, de todo começo".

Finalmente, a disputa entre a teologia e a teleologia jamais teve fim. Desde Galileu ela somente se deslocou da medida cada vez mais exata do espaço e do tempo para a desmesura de um instante sem duração e sem dimensão em que a razão construtiva encontra sua realização total.

3.
A ARQUITETURA IMPROVÁVEL

I

Segundo Walter Benjamin, a exemplo do cinema, "a arquitetura fornece matéria para uma recepção coletiva simultânea".[1] Afirmação que o cineasta René Clair confirmaria ao declarar: "A arte em que o cinema me faz pensar é a arquitetura".

Esta súbita confusão entre a recepção de imagens emitidas por um projetor cinematográfico e a percepção de formas arquitetônicas indica bem a importância da transformação em curso, transformação da noção de "superfície" e de "face a face" que resultará, como vimos anteriormente, no surgimento da *interface*. Na frase do filósofo, os termos escolhidos são particularmente reveladores: a palavra *matéria* (como o termo arquitetura, aliás) não é mais o que parece ser, a matéria de que se trata aqui é a "luz", a luz de uma emissão, de uma projeção instantânea que dá origem a uma *recepção* e não tanto a uma *percepção*. Além do mais, o caráter coletivo e mundano desta "recepção" indica bem que a representação arquitetural não diz respeito somente a um aspecto entre outros, mas simultaneamente a todos os aspectos, a todos os ângulos de visão, de tomadas, a todos os atores-espectadores do

---

[1] Walter Benjamin, *L'Homme, le langage et la culture*, Paris, Denoël, 1971 [o texto a que se referem as citações é "A obra de arte na era de sua reprodutibilidade técnica", citado aqui com base em duas traduções brasileiras: José Lino Grünewald, em *Os Pensadores*, São Paulo, Abril, 1980; e Sérgio Paulo Rouanet, em *Walter Benjamin*, Obras Escolhidas, vol. 1, São Paulo, Brasiliense, 1985].

espaço construído, ou seja, do conjunto daqueles que recebem (ao vivo) a emissão da forma-imagem arquitetônica.

Nós já sabíamos que *toda representação é uma redução* (de escala, de proporções, conteúdo, natureza...), mas aqui a redução é recusada, a recepção coletiva simultânea é a de um olho ubiquitário capaz de ver tudo ao mesmo tempo... É significativo aliás que este texto de Benjamin tenha como epígrafe um trecho de "A conquista da ubiquidade", de Paul Valéry; de fato, a frase que citamos instala o espaço arquitetural em um "além-mundo", além-mundo em que as técnicas cinematográficas, depois da fotografia, tentavam então conquistar, com a superimpressão múltipla (Gance, Eisenstein...), a aceleração e a câmera lenta (Painlevé...), e a utilização sistemática dos novos meios de transporte (trens, elevadores, aviões, etc.) como suportes para câmeras (Fromiaut, Vertov, Griffith, Moholy-Nagy...). A matéria fornecida pela arquitetura para a recepção simultânea é aqui: a *matéria total* do materialismo, materialismo histórico que empresta seu sentido, sua dimensão, ao tempo, à história, mas também ao espaço. A arquitetura que serve de arquétipo à revolução do cinematismo (ler Serguei Eisenstein) é concebida em um primeiro momento como "arte de massa", uma arte de massa que se opõe à "arte pela arte" que Benjamin qualifica de teologia da arte...

No parágrafo XII, o filósofo prossegue ainda: "A realização de um filme (...) oferece um espetáculo jamais visto em outras épocas. Não existe, durante a filmagem, um único ponto de observação que nos permita excluir do nosso campo visual as câmeras, os aparelhos de iluminação, os assistentes e outros objetos alheios à cena. Essa exclusão só seria possível se a pupila do observador coincidisse com a objetiva do aparelho. Ao alargar desta forma o mundo dos objetos que percebemos nas ordens visual e auditiva, *o cinema provocou um aprofundamento na apercepção*".[2] Apercepção esta que, segundo Benjamin, tende a favorecer a compenetração mútua entre arte e ciência... Matéria total, cinema total, é o fim da perspectiva do *Quattrocento*, o desaparecimento dos

---

[2] Walter Benjamin, *idem*.

"ângulos mortos" em uma superexposição que será assumida plenamente pelo circuito fechado de televisão, a televisão que não para nunca, permitindo ver, ou ainda receber, ao vivo ou não, todas as superfícies, todas as peças de um quebra-cabeças *tele-topológico* em que a permanência televisada sucede ao cinema permanente dos anos 20 e 40, onde o público vinha esquecer as realidades do momento...

É admirável observar aqui o quanto Benjamin renega à arquitetura a sua essência, que no entanto é exatamente a *ocultação*, a propriedade de abrigar das intempéries, mas igualmente dos olhares. Para ele, o arquitetônico não é mais da ordem da resistência, dos materiais, das aparências, mas antes da ordem da transparência, da ubiquidade e da instantaneidade, qualidades míticas que prefiguram as qualidades da grande libertação política e social: "Através dos seus grandes planos, de sua ênfase sobre pormenores ocultos dos objetos que nos são familiares e de sua investigação dos ambientes mais vulgares sob a direção genial da objetiva, o cinema faz-nos vislumbrar, por um lado, os mil condicionamentos que determinam nossa existência e, por outro, *assegura-nos um grande e insuspeitado espaço de liberdade*. Nossos cafés e nossa ruas, nossos escritórios e nossos quartos alugados, nossas estações e nossas fábricas pareciam aprisionar-nos inapelavelmente. Veio então o cinema, *que fez explodir este universo carcerário com a dinamite de seus décimos de segundo*, permitindo-nos empreeender viagens aventurosas entre as ruínas arremessadas à distância. O espaço se amplia com o grande plano, o movimento se torna mais vagaroso com a câmera lenta; é evidente, pois, que a natureza que se dirige à câmera não é a mesma que se dirige ao olhar".[3]

Gustave Flaubert já havia levantado há tempos a questão do múltiplo e da reprodutibilidade técnica quando declarava maliciosamente: "Quanto mais os telescópios forem aperfeiçoados, mais estrelas surgirão". O filósofo alemão resiste menos ao delírio da interpretação do que o homem de letras francês. A indústria e a técnica de que falamos aqui não são mais apenas as da multiplica-

---

[3] Walter Benjamin, *idem*.

A arquitetura improvável

ção dos objetos produzidos, nem tampouco as da reprodução de imagens fotográficas, mas antes as da *súbita multiplicação das dimensões da matéria*. A industrialização do "belo" (artístico) temida por Benjamin em virtude dos clichês fotográficos duplica-se aqui com as sequências cinematográficas da "industrialização do verdadeiro" (científico),[4] que ele parece não perceber. A metáfora empregada por Benjamin é aliás a da explosão, a da fratura por dinamite de uma cidade, cujas ruínas são *projetadas à distância*. Mas este distante não mais se situa em uma profundidade de campo qualquer, em uma "perspectiva" qualquer, o imenso campo de ação que, segundo Benjamin, foi aberto pela técnica não é mais o da concentração (urbana ou industrial) ou o da sedentaridade, mas sim o campo de um sistema aberto cujos limites objetivos não são percebidos por ninguém, campo de uma dissipação integral, destas *estruturas dissipativas* cuja amplitude, apesar dos estruturalistas, não podemos mais medir e que atingem ao mesmo tempo as antigas configurações geométricas e arquitetônicas: "Assim como a água, o gás e a corrente elétrica vêm de longe para nossas casas a fim de responder a nossas necessidades mediante um esforço quase nulo", escrevia Paul Valéry em 1936, "assim seremos alimentados de imagens visuais e auditivas nascendo e se evanescendo ao mínimo gesto, quase a um sinal". Nesta previsão das telecomunicações, a referência à residência burguesa não é mais à sua alimentação energética ou de outro tipo, a arquitetura é apenas um cruzamento, um ponto nodal, um polo de fixação onde a *inércia começa a renovar a antiga sedentaridade dos habitantes das cidades*, cidadãos de direito para quem a liberdade de ir e vir é subitamente substituída pela liberação de uma recepção a domicílio... Como escrevia ainda Walter Benjamin sobre a Paris do século XIX: "Por esta época, o centro de gravidade do espaço existencial se desloca para o escritório. O seu contraponto, esvaziado de realidade, constrói seu refúgio no lar".[5] Quando assistimos hoje ao desenvolvi-

---

[4] "O cinema é a verdade 24 vezes por segundo" (Jean Luc Godard).

[5] Ed. bras.: "Paris, capital do século XIX", tradução de Flávio Kothe, em *Grandes Cientistas Sociais*, vol. 50, São Paulo, Ática, 1985. (N. do T.)

mento da *informática empresarial* ligada ao progresso da teleinformática, podemos verificar a veracidade desta observação, que afeta, assim como o declínio da sedentaridade urbana, a própria estrutura da arquitetura.

O novo "escritório" não é mais o cômodo à parte, este apartado arquitetural, tendo se tornado uma simples tela. O espaço reservado ao trabalho e ao estudo no apartamento burguês passou a ser o terminal de um *escritório-visor* em que aparecem e desaparecem instantaneamente os dados de uma teleinformação na qual as três dimensões do espaço construído são transferidas às duas dimensões de uma tela ou, antes, de uma interface que não somente substitui o volume do antigo cômodo, com sua mobília, sua arrumação, seus documentos e plano de trabalho, mas que economiza também o deslocamento mais ou menos distante de seu ocupante.[6] Esta transformação da qual o confinamento inercial do novo escritório tornou-se o polo de gravidade, centro nodal de nossa sociedade (tecnoburocrática), explica, se necessário, o atual remanejamento "pós-industrial".

Levando-se em conta todas as experiências francesas pioneiras de "teletrabalho" (ou trabalho à distância), iniciadas em 1980 pela Direção Geral de Telecomunicações, podemos verificar os fundamentos desta reorganização do espaço construído (arquitetural e urbano) quando se começa a falar em "telelocal" (ver a este respeito o centro interempresas patrocinado pela DATAR em Marne-la-Vallée) e até mesmo em *redução dos espaços* dos escritórios tradicionais, em reagrupamento de funcionários em certos polos de atividades não centradas, de onde a diminuição dos custos de investimentos e de funcionamento, uma harmonização das obrigações profissionais e familiares, a economia no tempo de transporte, etc. *Aproximar no tempo das telecomunicações é portanto inversamente afastar no espaço*, dissipar ao longe estas ruínas esparsas que não são mais somente os fragmentos do universo concentracionário denunciado por Benjamin, mas ainda as pessoas,

---

[6] O computador LISA, da Apple, dispensa o teclado e funciona com o auxílio de um simples "rato eletrônico" (*mouse*) que deve ser deslocado sobre a mesa para deslocar na mesma direção um cursor na tela.

A arquitetura improvável

os teletrabalhadores, objetos e sujeitos de uma transmutação energética e cinemática na qual a visão não é mais unicamente a da produção industrial, mas a da representação à distância, a desta *redução estrutural e pós-industrial* que afeta o conjunto das relações de vizinhança, e a respeito da qual o filósofo alemão dizia ainda que: "cada dia fica mais irresistível a necessidade de se possuir o objeto, de tão perto quanto possível, na imagem ou antes na sua cópia, na sua reprodução".[7] Aqui, suspeitamos, as noções de dimensão e proximidade não são tanto as do espaço físico, mas as deste *tempo de exposição* (fotográfica, cinematográfica ou infográfica), noções deste tempo de resposta quase instantâneo, independentemente da distância entre os interlocutores... Aproximar para "desconstruir" estruturalmente ou para "dissipar ao longe", aqui, as funções do olho e da arma se confundem, já que, por definição, *a resolução da imagem transmitida é instantaneamente sua redução*, mas uma redução que afeta não somente o conteúdo da representação, a forma-imagem projetada, mas ainda o espaço construído e a forma do território, de onde esta promoção da organização do tempo, a organização cronopolítica das sociedades avançadas. Em suas memórias,[8] Marcel Pagnol ilustra esta relação entre o olho e a arma: "Em um teatro", escreve ele, "mil pessoas não podem sentar-se no mesmo lugar e portanto pode-se afirmar que nenhuma delas assiste à mesma peça... O autor dramático deve, para mirar em seu público, empunhar a espingarda e carregá-la com mil chumbinhos de caça para atingir, de uma só vez, mil alvos diferentes, enquanto o cinema resolve o problema, já que o espectador, esteja onde estiver na sala, verá exatamente a imagem que a câmera viu. Se Charlot olha a objetiva, seu fotograma olhará bem de frente todos aqueles que o verão, estejam eles à direita ou à esquerda, acima ou abaixo".

A situação do "telespectador" ou do "teletrabalhador" a domicílio assemelha-se à do espectador das salas escuras descrita por

---

[7] Walter Benjamin, *idem*.

[8] Marcel Pagnol, *Confidences*, Paris, Julliard, 1981.

Pagnol, porém existe uma diferença de escala singular que afeta não somente as dimensões da sala de projeção, mas o espaço-tempo da concentração e da sedentaridade metropolitana.

Se a estrela *encara* a objetiva da câmera, sua "forma-imagem" olhará de frente, na interface televisiva, todo os que a verão, estejam eles na cidade, no subúrbio ou no campo, na França ou no exterior. *A estrela de cinema de Pagnol será portanto multiplicada ao infinito, a exemplo das estrelas nos telescópios de Flaubert...* Esta reprodutibilidade técnica não é exatamente a mesma, nos casos do telescópio e do cinemascópio, a fratura é a mesma e a noção de exatidão, de resolução da imagem "artística", é outra vez questionada, da mesma forma como a exatidão da forma-imagem e da resolução dos problemas na observação científica, na experimentação das ciências exatas. "O espaço em que o homem age conscientemente", confirma Benjamin, "é substituído pela câmera por um espaço em que sua ação é inconsciente."

De fato, se a expressão consagrada afirma que "excesso de justiça equivale à injustiça", pode-se dizer que *excesso de exatidão na definição da forma-imagem (registrada ou transmitida) equivale à inexatidão ou ainda a uma incerteza relativa resultante do delírio de interpretação do observador* (espectador ou telespectador), "delírio" cuja fascinação, a característica alucinatória, a indústria cinematográfica soube utilizar, delírio que nem os meios de comunicação e de telecomunicação, nem a experimentação das "ciências exatas", economizam.

Realmente, com esta fratura morfológica e arquitetônica, a técnica do telescópio ou do cinemascópio não nos dá um *mais* (não existe uma multiplicação real), mas nos interrompe diferentemente. O corte, a decupagem do espaço físico nas diferentes dimensões geométricas, a separação durável dos espaços geográficos e construídos são subitamente substituídos, para o observador atento, por um corte, uma decupagem momentânea devido à interrupção imperceptível das diferentes *sequências de tomadas*, mas também em consequência da interrupção, desta vez perceptível, da emissão e da recepção.

Aqui, o espaço produzido e projetado o é, portanto, menos pelas linhas, superfícies e volumes construídos do que pela crono-

A arquitetura improvável

metragem das "tomadas" (a dinamitação dos décimos de segundos), *tomadas que são simultaneamente tomadas de tempo, no* CONTINUUM *tele-topológico da projeção e da recepção à distância.*

Uma forma de decupagem e montagem sucede à outra, mas esta intempestiva parasitagem da extensão e da duração está longe de ser realmente apreendida, já que o inconsciente visual reduplica, por assim dizer, o inconsciente instintivo revelado por Freud.[9]

Se a sedentaridade dos espectadores e dos atores do teatro e da cidade é sucedida pela inércia dos telespectadores a domicílio *é porque a concentração no tempo real da emissão e da recepção renova a antiga concentração no espaço real da coabitação,* a unidade de vizinhança, até então propriedade da arquitetura urbana.

Assim, ao lado do "telelocal", vemos surgir hoje na empresa *concentradores teleinformáticos* que memorizam os comandos transmitidos por vendedores em viagem, equipados com *terminais portáteis.* Em vez do prazo de dois ou três dias para a entrega dos formulários enviados pelo correio, hoje bastam quarenta e cinco segundos para que os pedidos de compra cheguem à sede da empresa. Ocorre o mesmo com os correspondentes da imprensa, equipados com o terminal portátil de tele-redação SCRIB (da empresa BOBST-GRAPHIC), microcomputador com monitor e impressora acoplados que permite a criação do texto, seu processamento e transmissão a uma velocidade de trinta caracteres por segundo, ou seja, seis vezes mais rápido do que o telex... Basta que o jornalista mobilizado em uma cobertura conecte o equipamento a um telefone para que sua matéria passe instantaneamente para o computador central do jornal (inclusive fora do horário de expediente), onde o texto poderá ser diagramado automaticamente e sem a intermediação de empregados da gráfica.

Ocorre o mesmo no Japão, desta vez em escala metropolitana, com a experiência realizada em Mitaca com o sistema INS, coletor central de informações, concentrador inercial de dados para o conjunto de habitantes, usuários, equipamentos, empresas comerciais e industriais da cidade. O governo japonês anuncia que, se a ex-

---

[9] Paul Virilio, *Esthétique de la disparition*, Paris, Balland, 1980.

O espaço crítico

periência for bem-sucedida, este procedimento de capitalização informática instantânea do tamanho de uma cidade será estendido a Tóquio, Osaka, Nagoya e finalmente às cinquenta maiores cidades do país. Esta perspectiva de organização telemática e megalopolitana parece ter encontrado recentemente um defensor no ecologista marítimo, o comandante Cousteau. Segundo ele, a Paris do ano 2000 deveria ser:

"Uma federação de povoados onde as comunicações se realizariam antes através do vídeo do que pelo transporte físico das pessoas".[10]

É um pouco como se a estratégia naval servisse de modelo e referência para a organização territorial, como se o "povoamento do tempo" das telecomunicações (liberação de linhas, interrupção...) substituísse subitamente o das antigas coabitações, o povoamento do espaço, a proximidade urbana real.

II

"Na forma, a criação está frente a Deus de uma maneira completamente nova e, neste face a face, ela lhe pertence inteiramente", escreveu o teólogo Bonhoeffer. Atualmente, com a ubiquidade ótico-eletrônica e sua incidência sobre a configuração do território, poderíamos parafrasear esta afirmação declarando, a propósito das metamorfoses tele-topológicas da cidade: na forma-imagem, a criação está frente ao homem de uma maneira inteiramente nova e, nesta interface, ela parece lhe pertencer inteiramente. Não é necessário dizer, portanto, que o termo "inteiramente" aqui é apenas uma ilusão de ótica, uma ilusão simultaneamente energética e cinemática, de onde este termo, *ótica eletrônica*, ótica que não resulta mais tanto das propriedades do vidro das lentes tradicionais, mas antes das propriedades da transmissão eletrônica instantânea,

---

[10] Paris interconectada em 1989, projeto anunciado por Chirac em fevereiro de 1983.

A arquitetura improvável

desta transparência das distâncias que renova não somente as aparências físicas dos materiais, mas também a configuração morfológica e arquitetônica do ambiente humano.

Hoje, trata-se menos de *deslocar* (ou de nos deslocar) no espaço de um percurso do que de *defasar* no tempo o instante de uma disjunção-conjunção, afluência de circunstâncias técnicas em que as aparências estão contra nós, *totalmente contra nós* na interface ótico-eletrônica... A *separação*, portanto, representava para os diferentes locais da geopolítica original (rural, comunal, urbana e nacional...) aquilo que a *interrupção* passou a representar para o não lugar da cronopolítica atual.

Se esta estruturação intermitente da duração e da extensão física realizada pelos sistemas de interlocução e interrupção das comunicações é radicalmente distinta da estruturação das zonas urbanas, nem por isso deixa de afetar o espaço construído, *a divisão do imóvel em cômodos*, fratura na qual o arquitetônico sofre uma série de distorções (topológicas), cujos efeitos não percebemos nitidamente. Observemos, entretanto, a história dos elementos arquitetônicos: paredes, janelas, portas, chaminés, etc. *A primeira janela é a porta, a porta-janela* necessária ao acesso e portanto à realidade da residência, já que seria impossível conceber casas sem meios de acesso.

Nos primeiros hábitats, a abertura de iluminação não existia, não havia nada mais do que a entrada e por vezes a chaminé. A janela propriamente dita, a *segunda janela*, só apareceria tardiamente, no local de culto, através dos claustros, antes de se popularizar nas casas rurais e sobretudo nos palácios e na residência burguesa.

A *terceira janela*, nós a conhecemos há pouco, é a tela de televisão, janela removível e portátil que se abre sobre um "falso-dia", o da velocidade da emissão luminosa, abertura introvertida que não se abre mais para o espaço vizinho, mas para além, para além do horizonte perceptivo. Resumamos: se a "porta-janela" constitui uma abertura, um limiar para o acesso imediato e indiferenciado das pessoas, dos objetos, da luz do dia e da visão direta, ao mesmo tempo que funciona como uma ventilação baixa, em ligação com a ventilação alta da chaminé, a *janela especializada* é mais seletiva, interrompe a passagem dos corpos, é uma perfuração, uma abertura "mediata" para a iluminação solar e para as vistas ampliadas. Quanto à *tela da televisão*, trata-se de um seletor de imagens eletrônicas, uma mídia audiovisual, para uma iluminação indireta, a do tubo catódico.

Logo, se a porta é, a um só tempo, a origem da residência, necessariamente penetrável, e a da janela especializada, ela é ainda o *primeiro móvel*, já que é na vertical o que poderia ser na horizontal (com a ponte levadiça, por exemplo), um batente, uma portinhola, ou seja, *uma porta que transporta*, para dentro ou para fora, no vai e vem, o que é perfeitamente ilustrado pelo movimento circular da "porta-giratória", primeiro veículo técnico da residência do século XIX, prenunciando o elevador.

A porta do automóvel constitui portanto a *segunda porta*, a porta de um transporte externo aos muros que completa o efeito de distorção da tela e da terceira janela. Meios de acesso físico e de comunicação à distância, as mídias audiovisuais e automóveis se fundem aqui para desintegrar a estrutura arquitetônica tradicional. De fato, assim como o televisor sobre sua mesa, diante da poltrona, não é um objeto independente da abertura de paredes, a garagem não deveria ser considerada como um volume estranho, separado dos outros cômodos. *Ambos são limiares de transformação que provocam a anamorfose das estruturas construídas* (arquiteturais e urbanísticas). Componentes da mobília, assim como as cadeiras, as camas ou as diversas disposições dos móveis, os meios de transporte e de telecomunicação contribuem portanto para dissipar a estabilidade, a estática do equilíbrio imobiliário. Fenômeno de substituição acelerada, a residência contemporânea tornou-se o cruzamento dos *mass-media*, de tal forma que a garagem poderia muito bem substituir a casa, esta "residência" que em sua origem era nada mais do que o "estacionamento" dos móveis do nômade...

Logo iremos substituir o conjunto de mobiliários do apartamento por vetores ativos e dinâmicos que modificarão progressiva e radicalmente a configuração do imobiliário, a morfologia arquitetural?... *O automóvel não se tornou um cômodo isolado na planta de uma residência, a condição necessária para a aparição da residência secundária, hábitat isolado da residência principal?...* Não observamos, no histórico do habitáculo da célula automotora, uma mesma duplicação dos elementos arquitetônicos mencionados anteriormente?... Depois da autonomização da janela na tela do televisor e da porta no "móvel" automóvel, iremos assistir à desintegração completa do imóvel?... A atopia domiciliar já não é perceptível na conurbação das cidades e dos subúrbios?... O desenvolvimento pretensamente "funcional" da planta arquitetural moderna, com seus espaços funcionais/desfuncionais, sua divisão em cômodos principais e secundários, não seria *efeito de real* dos diferentes meios de acesso (porta, janela, escada, elevador..), mas ainda o efeito dos meios de comunicação automóvel e das telecomunicações audiovisuais?... Quanto à evolução recente das tecnologias avançadas, coloca-se ainda esta última questão:

Se a residência é nada mais do que a anamorfose do limiar, onde irá parar a instrumentação do hábitat?

Aqui, o videocassete com gravação programada nos fornece, depois do telescópio e do cinemascópio, um novo aspecto da mutação em curso, aspecto cuja supremacia corre o risco de desenvolver-se em breve, com o advento de um novo tipo de inércia na qual o imobiliário poderia reencontrar toda a sua atualidade.

É conhecido o papel primordial desempenhado pela medição do tempo na história das sociedades, desde o sistema de calendário religioso ou político, passando pela ampulheta, o relógio solar, o relógio analógico até o atual registro digital dos relógios a quartzo. Com o videocassete com gravação programada ou, caso se prefira, com *retransmissão diferida*, temos também uma organização própria do tempo, um calendário eletrônico antecipado que toma parte na organização do tempo, *mas desta vez de um tempo que ainda não chegou...* Aqui, as "tecnologias avançadas" avançam no tempo para tentar criar um dia, um "dia-falso" suplementar. De um lado, existe este *dia principal* em que já vivemos e, de outro, um *dia secundário* que está sendo gravado em algum lugar para nós... assim como a residência secundária só existe através da intermediação do meio de comunicação (automóvel), este dia secundário e suplementar só existe através do meio de telecomunicação (audiovisual). Pode-se dizer que este desdobramento "estereoscópico" e "estereofônico" do espaço e do tempo possui múltiplas correspondências na residência diferida assim como na retransmissão diferida que as tecnologias avançadas de vídeo permitem: de um lado, temos o aquecimento que se ativa sozinho (eletricamente) para preparar o conforto do final de semana, de outro lado, a gravação programada se coloca em funcionamento (eletronicamente) para deixar ver o que só será percebido ulteriormente... Se há cerca de duas décadas nós podemos julgar os danos causados ao meio ambiente pela multiplicação de residências suplementares utilizadas somente durante alguns dias, devemos tentar avaliar também os estragos deste curioso fenômeno de antecipação temporal; é verdade que esta tarefa é tanto mais difícil pelo fato de *sempre termos subestimado a importância do "dia" e da luz para a organização territorial*, importância ligada não somente à alternância diurno/noturno, mas também a um sistema de interrupção das atividades que estruturou a vida das sociedades passadas e a organização de seus diferentes meios. De fato, *o tempo só é um tempo vivido* (psicológica, sociológica ou politicamente) *pelo fato de ser interrompido.*

O tempo "contínuo" é talvez o da cronologia ou da história, mas não o do cotidiano. As interrupções de atividade ou de produtividade são essenciais à estruturação do tempo próprio tanto para os indivíduos quanto para os grupos sociais, e, aqui, não devemos esquecer, o dia é a referência, o principal padrão desta interrupção estruturante, de onde diversas expressões como: "ver o dia" (nascer, começar), "colocar em dia" (terminar, concluir), etc. Bem mais do que qualquer limite físico (urbano ou arquitetônico) ou qualquer fronteira natural ou política, o dia delimita as diferenças de temporalidade, diferenças de regimes que afetam a consciência do tempo passado, com o sono e o despertar, mas sobretudo com o eterno retorno da luz e da noite.

O território e a cidade, portanto, não são organizados somente pelo sistema cadastral de quarteirões e bairros, pela separação entre o centro e a periferia ou pelo isolamento dos apartamentos, mas também pelo calendário das férias e dos feriados, que retomam as interrupções religiosas do sabá ou do dia dominical, sétimo dia da Criação, tempo livre propício à contemplação, à recepção da obra produzida, sem omitir o locaute, a greve, interrupções da produção necessárias à reflexão e ao diálogo entre os parceiros sociais.

Observemos que hoje em dia a tecnologia desempenha um papel análogo ao criar novas interrupções de todas as formas, uma modificação do tempo próprio, uma distorção do *dia astronômico* que traz consequências tanto para a organização do espaço urbano quanto para o espaço da arquitetura, já que *a janela tende a ter precedência sobre a porta*.

Ao dia solar que estruturava o espaço da vida (e também da cidade) sucedeu-se um *dia químico* em que a luz das velas permitira um certo desenvolvimento das atividades noturnas, e depois um *dia elétrico* que prolongava indefinidamente a percepção da jornada (com a reorganização da produção que nós conhecemos). Com o recente advento do *dia eletrônico*, este prolongamento da duração do dia e da visibilidade é duplicado por uma propagação no espaço, extensão de um CONTINUUM (audiovisual e tele-topológico) que apaga tanto os antípodas e as distâncias geográficas quanto os ângulos mortos do espaço construído com a televisão em circuito fechado. Mas esta súbita distorção da visibilidade do dia não é uma consequência exclusiva das tecnologias televisuais, tecnologias capazes de *dobrar o espaço sobre si próprio*, mas também das técnicas de comunicação aeroespacial, técnicas capazes, por sua vez, de dobrar a duração do dia astronômico, como pode-se ver pelo seguinte exemplo: para voltar à Europa, partindo de San Francisco, pode-se seguir uma linha aérea que passa sobre as geleiras da Groenlândia onde, em determinadas épocas do ano, assiste-se a um fenômeno admirável: não existe noite, temos atrás de nós os raios vermelhos do crepúsculo e, *ao mesmo tempo*, diante de nós, os clarões esverdeados da aurora... Ver o que não era visível tornou-se assim uma atividade que renova o exotismo das conquistas territoriais do passado, ou melhor: ver o que não é realmente visto tornou-se uma atividade *em si*, atividade não mais exótica, mas antes endótica, atividade que renova as condições de percepção, a própria necessidade da realidade física. Nesta perspectiva, a invenção da holografia, há vinte anos, não é de forma alguma a perfeição da perspectiva, a representação mais perfeita do "relevo" e da visão estereoscópica, mas, ao contrário, o fim, o extermínio da realidade perspectiva.

A partir de então, *o falso não é mais apenas a perspectiva acelerada, a anamorfose, mas a profundidade em si, a distância de tempo* (físico e geofísico). O que aliás podemos comprovar também nas performances do transporte supersônico e do laser ótico, nos recentes desenvolvimentos do cinema holográfico e da televisão "tridimensional". Com esta invenção de um dia da velocidade técnica, entrando em concorrência direta com o do tempo astronômico, a questão que parece se colocar é menos a da relação com a história do que a da relação com o tempo, com os regimes de temporalidade originados pelas tecnologias avançadas, em um meio no qual as aparências estão contra nós, onde as metamorfoses da aceleração contribuem para a deformação dos antigos referenciais, dos padrões físicos e de outros "arquétipos arquiteturais".

De fato, *ocorre com a atualidade o que já ocorreu com a modernidade: ela já passou...* Ao instante da percepção direta dos objetos, das superfícies e dos volumes (naturais ou construídos), sucede uma recepção indireta e mediatizada, uma interface que escapa à duração cotidiana, ao calendário da cotidianeidade. Não nos enganemos mais, portanto, pois *não seremos jamais os vizinhos da proximidade televisual, os media não são nossos contemporâneos*; vivemos hoje uma separação cada vez maior entre a imediatez de sua retransmissão e nossa capacidade de compreender e avaliar o instante presente. A questão colocada é menos a da modernidade e a da "pós-modernidade" do que a da atualidade e da "pós-atualidade", em um sistema de temporalidade tecnológica que não é mais da ordem da longa duração de um suporte material qualquer, mas antes da ordem única e exclusiva das persistências retinianas e auditivas. Aos efeitos perspectivos dos ornamentos clássicos, às características cinéticas de determinados "estilos" (barroco, mas também *liberty* e *neo-liberty*) sucede desta forma um cinematismo integral, *uma transitividade absoluta* que engendra a decomposição intrínseca do imobiliário, decomposição a um só tempo urbana, arquitetural e territorial, baseada no declínio da antiga primazia da separação física e da limitação espacial das atividades, em benefício exclusivo da interrupção e da comutação no tempo, ou melhor, da ausência de tempo de uma intercomunicação instantânea, um pouco como se assistíssemos (ao vivo) a uma transmutação que atingiria cada um dos constituintes do meio construído, prenunciando uma atopia que estaria para a domiciliação arquitetural assim como a descentralização e a conurbação estão para a cidade, algo que atingiria o edifício na persistência de sua existência, na resistência de seus materiais e na longa duração de sua eficiência imediata para reduzi-lo a menos do que um cenário, uma "forma-imagem" tão instável quanto a miragem.

III

"Uma imagem perfeita em todas as velocidades, é fantástico, parece real."

Este slogan comercial de um videocassete alemão, que prolonga tão bem a citação de Walter Benjamin sobre a natureza da arquitetura, ilustra também o fim da perspectiva ótica clássica, o surgimento de uma pseudoperspectiva "ótico-eletrônica", perspectiva acelerada (fantástica) centrada menos sobre um "ponto de fuga" do que sobre a fuga simultânea de todos os pontos, de todos os instantes, em uma transmissão em que os pontos *sem dimensão* (PIXEL) e os instantes *sem duração* perceptível compõem uma imagem cuja perfeição formal provém menos de uma *convergência* ótica do que de uma *comutação* de informações, transmissão em que a velocidade de propagação eletrônica equivale subitamente a uma estabilidade ocular, estabilidade que sucede, na interface catódica, a antiga estática dos materiais...

Já que *o que se vê provém do que não é aparente*,[11] a característica imaterial da emergência das formas televisivas reafirma aqui certos aspectos da metafísica. Além disso, a última frase do slogan publicitário citado anteriormente, "parece real", coloca novamente toda a questão da vidência como crença, a visibilidade como fundamento da credulidade (ocular ou ótica) e finalmente

---

[11] Paulo de Tarso.

como validade moral, ética e científica, dúvida que já sobressaía no debate teológico sobre o telescópio de Galileu: "pode-se afirmar que se assistiu realmente a uma missa vista através de uma luneta?". O que parecia o argumento de um jesuíta escrupuloso volta a ser uma questão da atualidade ou ainda de "pós-atualidade", que diz respeito não somente aos instrumentos de medida e comunicação, mas igualmente à arquitetura. A partir do momento em que J. P. Pouvreau, ex-diretor de zoológico e videasta, associa-se a B. Devaux, organizador de exposições itinerantes e cineasta especializado em animais, para propor em 1981 o fim dos zoos-prisão e do sofrimento dos animais, *substituindo os animais vivos por suas imagens televisuais em um* VÍDEO-ZOO *sem animais*, a ser instalado em uma área de 2 ou 3 mil metros quadrados com o auxílio de um equipamento vídeo-informático que, disposto no espaço de uma projeção eletronicamente programada, integra em um NOCTARIUM a alternância diurna-noturna dos ambientes naturais da fauna exposta (superexposta), *realizam, em tamanho natural, um equipamento no qual a arquitetura serve apenas como andaime para um meio artificial cujas dimensões físicas transformaram-se em informações ótico-eletrônicas instantâneas.* Compreende-se melhor, assim, o que podia ser esta "videocidade", esta urbanização televisual preconizada pelos ecologistas e, em nosso entender, antecipada em grande parte pela experiência de Atlanta, a rede de informações a cabo de Ted Turner que, desde 1980, proporciona aos americanos a possibilidade de receber *a domicílio e ao vivo*, 24 horas por dia e sete dias na semana, as imagens do mundo inteiro difundidas por um satélite de retransmissão orbitando sobre o Equador.[12] Sentados placidamente em suas casas de madeira com varandas, construídas nos cruzamentos das estradas, nas grandes planícies do *Middle West*, os assinantes da Cable News Network podem observar à vontade os veículos que passam diante de seus olhos ou as imagens, os "furos televisionados" do Irã, do Iraque e de outras partes do mundo... Nesta espécie de

---

[12] Em 1985, dois satélites Hughes irão garantir as telecomunicações entre as cidades e as localidades mais remotas do Brasil.

A arquitetura improvável

encontro, tornado possível pelo artifício da tomada de imagem da janela catódica, o que vacila é a terceira dimensão, o que se revela insuficiente é o terceiro tipo de decupagem do espaço. Não é mais somente a distância de tempo que é parasitada pelo "vetor-velocidade" de propagação instantânea, mas a própria natureza do ambiente que é submetida aos *fadings* eletrônicos dos "furos" parasitas. Não é mais o "telejornal" clássico, mas antes a permanência, a exclusividade da transmissão ao vivo que constitui para os assinantes da CNN um dia televisual contínuo, inserido na metereologia do dia visual, assim como as sequências de televisão o são nas telas de controle de uma central de vídeo.

Não se trata mais aqui da supremacia de um meio de informação sobre a imprensa, o rádio ou o cinema, é a casa que se transforma em uma "casa de imprensa", *uma arquitetura em que a dimensão-informação se acumula e se comprime, em concorrência direta com as dimensões do espaço das atividades diárias.* O esquema da vida, o enquadramento do "ponto de vista" na arquitetura das portas e pórticos, das janelas e espelhos, são substituídos por um enquadramento catódico, uma abertura indireta onde o "falso-dia" eletrônico funciona como a objetiva das câmeras, ao reverter não somente a ordem das aparências em benefício de uma "transparência" imperceptível, mas ainda a supremacia de determinados elementos construtivos, concedendo assim à janela catódica o que ela retira tanto em termos de acesso como de luz do dia...

CÂMERA OBSCURA, PLANETARIUM, NOCTARIUM, a arquitetura reencontra sua origens obscuras: se a câmara de registro fotográfico e cinematográfico teve início outrora na caverna dos filósofos, na cripta dos cenotáfios e na câmara escura dos perspectivistas, hoje ela parece invadir toda a extensão visível, transformando as aparências sensíveis em instantâneos, *espectros* de uma realidade (perceptiva e perspectiva) em vias de desaparecimento e cuja evolução pode ser medida se observarmos a história, a arqueologia dos "teatros de sombras" desde o século XVIII, ávido de curiosidades óticas e científicas, com o *eidophusicom* de Londres em 1781 — um cenário pintado em três dimensões e iluminado de forma a dar a ilusão de real — passando pelo primeiro *panorama* de Robert

Barker (1792) e a invenção do *diorama* por Daguerre, no ano de 1822 em Paris, até a primeira sessão do cinematógrafo dos irmãos Lumière, no *subsolo* do "Grand Café" do Boulevard des Capucines em 28 de dezembro de 1895...

Em todos os casos, deve-se observar, simultaneamente aos diversos "aparelhos de projeção" (lanterna mágica, *fenaskistiscópio*, cinetoscópio, cinematógrafo e outros cinemascópios...), a arquitetura das primeiras "salas de projeção", desde a forma cilíndrica dos panoramas, das esferas e rotundas, que prefiguravam, no século XIX, o atual PANORAMA (ou cinema hemisférico) de Jeaulmes e provavelmente o próprio espaço do cinema holográfico (integral), para tentar compreender a natureza das transformações ocorridas no meio construído, diante do desenvolvimento das telecomunicações e da utilização de satélites e redes a cabo usando fibra ótica. É curioso, aliás, que os livros de história tenham privilegiado a arquitetura de ferro e vidro do Crystal Palace de Paxton (1851) e negligenciado tanto a arquitetura de luz das salas escuras do mesmo período. De um lado, o desenvolvimento da transparência se estabelecia através da materialidade de grandes superfícies de vidro, sustentadas por uma estrutura metálica impressionante e, de outro, a transparência se instalava clandestinamente na mutação arquitetônica despercebida de uma *parede-tela*, parede de imagens que recebia progressivamente todos os valores do espaço, todas as dimensões da sala de projeção, realizando uma fusão/confusão entre arquitetura e técnica de projeção, fusão esta jamais conseguida até então pelo afresco, pelo mosaico ou pelo vitral, na medida em que estas técnicas de representação eram ainda tributárias da luz do dia, luz fornecida pelas aberturas da arquitetura.

De fato, se ontem as figuras da representação surgiam todas *na* luz solar ou ainda na luminosidade do fogo, a fraca claridade dos candelabros, hoje elas aparecem e desaparecem *através* da luz eletrônica de uma representação instantânea que poupa a iluminação da estrutura construída, bem como de diversas fontes complementares de luz artificial, utilizando preferencialmente a penumbra ou a obscuridade para desvendar o novo horizonte, um *horizonte negativo* que não mais se inscreve na visibilidade direta da

A arquitetura improvável

noite e do dia, mas no falso-dia de uma visibilidade indireta, sem qualquer relação com a iluminação da construção, iluminação que é todavia uma das condições de existência da arte de construir.

Aqui, a noção de *foyer*, decisiva na organização da residência tradicional como "lugar de fogo", nos conduz a um estranho desdobramento, desdobramento em que o *foyer* do calor se separa do *foyer* da luz, este *foyer ótico* inaugurado pelas lentes adicionais (côncavas, convexas) cujas propriedades projetivas eram utilizadas metaforicamente por Clausewitz ao escrever: "Assim como os raios do sol se unem no *foyer* do espelho côncavo em uma imagem perfeita e nele produzem o máximo de incandescência, as energias e as contingências da guerra se unem na batalha principal para produzir aí um efeito supremo e concentrado".[13]

Este *foyer*, que mais tarde encontrará sua autonomia através da lâmpada elétrica de Edison e sobretudo através deste "terminal" de iluminação natural, este lugar da luz eletrônica, luz da velocidade para a qual o slogan publicitário alemão retoma os argumentos metafóricos do estrategista prussiano...

Convém não esquecer, entretanto, por trás da expressão *uma imagem perfeita*, o essencial da representação, que é o fato da técnica não nos dar nada a mais, porém nos interromper de outra maneira. É preciso parar de omitir a ocultação, a interrupção, em benefício único da demonstração e do caráter espetacular das diversas técnicas, inclusive as da arquitetura e do urbanismo, por sinal. A aparente *multiplicação* das performances óticas e outras videoperformances esconde sempre uma *subtração*, a representação formal não sendo nunca algo além de uma redução entre tantas outras possíveis.

Se a arquitetura, por exemplo, *permite ver* por intermédio da materialidade da ereção dos muros, das paredes, a construção dos prédios, ainda assim ela contribui para dissimular (de forma

---

[13] O autor faz, aqui, um jogo com os diversos sentidos da palavra *foyer* em francês, jogo este impossível de traduzir em português. *Foyer* é, em primeiro lugar, o lugar onde se faz fogo, a lareira. É também uma casa, moradia, o foro familiar. Finalmente, *foyer* significa o ponto focal de um espelho côncavo, o ponto para o qual convergem todos os raios por ele refletidos. (N. do T.)

ocular) o horizonte das aparências, e interrompe tanto quanto as tecnologias de ponta descritas anteriormente, as comunicações, no encarceramento, nas zonas de sombra... *Esta ocultação é, portanto, muito mais que qualquer demonstração, o denominador comum das tecnologias* (antigas ou novas), o analisador privilegiado da organização do espaço e do tempo. Se o primeiro "quadro", o primeiro meio de representação ocular, é a abertura das portas e dos postigos, muito antes da pintura com cavalete, pintura que muitas vezes ficava fechada sobre si mesma, como no tríptico, por exemplo, seria preciso tentar repensar o "inconsciente visual", a natureza do abrir e do fechar, mais do que concentrar-se apenas sobre as performances demonstrativas da ótica eletrônica ou outra. Quanto a isto, é extremamente revelador observar a evolução, a extensão tridimensional da abertura de iluminação desde o antigo claustro, as janelas divididas por colunas da Idade Média, os grandes vitrais e rosáceas, estes "efeitos especiais" da arquitetura gótica, até as *bow windows* e às grandes estufas metálicas do século passado, antes de chegar às fachadas de vidro das torres de muitos andares, às paredes-cortina que são contemporâneas da invenção e do desenvolvimento da abertura catódica, para que possamos descobrir a importância desta transmutação das aparências, a futura supremacia da janela televisual sobre a porta e os meios de acesso tradicionais, supremacia que já contribui, hoje, para o declínio do espaço público e de numerosos equipamentos coletivos: teatros, grandes salas de espetáculo, estádios e outros lugares que necessitavam, até o presente, da presença efetiva (coletiva e simultânea) de grande número de espectadores, declínio ligado sobretudo à *retransmissão ao vivo e em cadeia global*, que desvaloriza a presença real de milhares, ou mesmo dezenas de milhares de pessoas, não importando o preço dos lugares, frente à concorrência dos direitos de transmissão de uma exorbitante taxa audiovisual paga pelas cadeias de televisão, a ponto de hoje se pensar seriamente em deixar de lado as arquibancadas e o público esportivo, televisionando as partidas ou corridas *em estádios vazios, ocupados apenas por painéis publicitários.*

Nos Estados Unidos, por exemplo, onde o esporte é bastante valorizado, as empresas de televisão a cabo chegam mesmo a propor às equipes de basquete com as quais têm um contrato de retransmissão reembolsá-las na quantia equivalente ao que estas equipes deixarão de lucrar devido ao desaparecimento de seus torcedores. Esta *desregulamentação* (tarifária, publicitária...) dos grandes equipamentos do espaço público, em benefício da recepção a domicílio, é totalmente análoga à desregulamentação dos transportes aéreos, da qual o transporte ferroviário americano foi vítima (ver a evolução do AMTRAK entre 1960 e 1975), desregulamentação que atingia, ao mesmo tempo, a demografia e o status dos passageiros, e que resultava da *redução nos tempos de traslado* da Costa Leste para a Costa Oeste, redução do trajeto que vitimou o conjunto dos transportes de passageiros, bem como a infraestrutura geral do sistema ferroviário, estações, triagens, redes e serviços diversos.

Notemos, uma vez mais, a importância decisiva do fator velocidade na desqualificação, não somente dos veículos antigos, mas também de um ambiente vítima da retransmissão instantânea (circuitos automobilísticos de Fórmula 1, estádios e outros palcos de atividades públicas e físicas), de onde a incidência inevitável da *televisão ao vivo* sobre o hábitat, a natureza das relações de vizinhança e a própria infraestrutura urbana, a utilização, em breve, de *satélites geoestacionários* para possibilitar as telecomunicações urbanas e interurbanas (no Brasil, por exemplo), como se o centro da cidade fosse subitamente deslocado do obelisco para o zênite de um satélite em órbita elevada...

"A imediatez é uma impostura", escrevia Bonhoeffer no começo dos anos 30, na mesma época em que a radiodifusão, o telefone e outros meios de comunicação permitiam que Adolf Hitler estabelecesse seu domínio sobre a Alemanha. Podemos hoje avaliar os efeitos perversos desta impostura, quando observamos que aquilo que é próximo e comum encontra-se desacreditado pela imediatez do que está longe... Quando um usuário da FAIXA CIDADÃO, por exemplo, explica que seu emissor receptor lhe permite falar "de preferência com pessoas que ele não conhece, de estabelecer contato fora de seu círculo de afinidades geográficas", isto significa que *aquilo que não está presente tem prioridade sobre aquilo que está presente.*

Finalmente, aquilo que chamamos de "a pressão do audiovisual" (a influência perturbadora da retransmissão instantânea sobre os hábitos políticos, entre outros) é apenas a expressão do declínio da unidade de vizinhança e, através dele, da futura decadência das políticas de organização territorial (generalização dos subúrbios, *homelands* e outras favelas do Terceiro Mundo), de onde o insidioso descrédito que pesa, há cerca de vinte anos, sobre esta *extensividade* geopolítica, em benefício de uma *intensividade* transpolítica das trocas e das comunicações, declínio progressivo de um Estado nacional dividido entre as reivindicações de autonomia interna e as necessidades (econômicas e estratégicas) de alianças internacionais; desregulamentação dos diferentes sistemas de organização e de governo que, apesar da ilusão das empresas "multinacionais" e dos mercados internacionais, levou à inversão do princípio agregativo, federativo, dissociação propícia, *símbolo de uma descentralização que é apenas o prolongamento da descolonização*, de onde a série infinita de linhas de fratura, divórcios, clivagens, operados em nome da liberdade, entre as etnias, os grupos e os parceiros sociais, até as mais vastas entidades comunitárias (nacionais ou internacionais), em benefício de uma administração do tempo, de uma organização "cronopolítica" das atividades que questiona não só a tradicional "geopolítica" da organização, como também as formas do povoamento e, por seu intermédio, a própria arquitetura urbana.

A desconstrução, a fratura morfológica da arquitetura, já pudemos observá-las antes através da emergência das estruturas metálicas por ocasião das exposições universais de Londres e Paris, a transparência aumentada das aparências, o caráter residual de uma construção industrial que então já era apenas uma estrutura para o vidro, mas também, com o retorno da supremacia da luz sobre a matéria, o descrédito da pedra, o declínio dos materiais densos das fachadas e das divisórias, em benefício do estruturalismo da "parede cortina". Ao escrever sobre o Crystal Palace, no século passado, um autor anônimo diz: "Nós vemos uma rede de linhas de uma grande finura, mas não há qualquer indício que nos permita apreciar suas dimensões verdadeiras e a distância na qual o palácio se encontra, o olho desliza ao longo de uma perspecti-

A arquitetura improvável

va infinita que se perde na bruma". O comentário antecipa a crise das dimensões físicas, o surgimento de construções privadas de *centro ótico* nos quais a arquitetônica estrutural do ferro e do vidro se comporta como mais tarde o fará sua "forma-imagem" na tela dos computadores ou nas sequências televisivas: *rede de linhas* (625 ou 819 linhas) de uma finura imperceptível onde o PIXEL atualiza a cavilha e o rebite, onde o olho do telespectador desliza ao longo de uma perspectiva eletrônica infinita e onde a arquitetura da luz não passa de uma *memória de trama*, um sistema sequencial, modular ou matricial, cuja existência foi prenunciada pelas primeiras estruturas metálicas, pelos teatros óticos e outros "panoramas" do século XIX. Da mesma forma, parece que as exposições universais da *belle époque* anteciparam esta aglomeração sem aglomeração, esta *superexposição universal* das trocas comerciais e culturais, a partir das quais a Cidade viria a perder progressivamente sua autenticidade como unidade de tempo e lugar de uma coabitação efetiva em uma desurbanização acelerada que deveria afetar não só a natureza do povoamento territorial (descolonização, descentralização, etc.), mas também a antiga "sedentaridade", para dar lugar a um confinamento surgido das tecnologias avançadas, *confinamento inercial* fundado não mais sobre a axialidade geométrica de um dispositivo urbano, sobre a centralidade geomorfológica da extensão das cidades, mas antes sobre a *polarização crescente das trocas e das atividades*, polarização temporal, nodal, em que a interlocução e a interrupção de uma não ocupação momentânea deveriam suplantar pouco a pouco o antigo nó de comunicação rodoviária, a antiga plataforma giratória, a antiga segregação cadastral das províncias, dos bairros, em proveito único de uma organização do "tempo próprio" onde as individualidades iriam se exacerbar progressivamente (com os riscos de conflitos e as lutas internas implícitas nesta situação). Hoje, pode-se verificar facilmente tudo isto com o declínio da presença real dos usuários, *o descrédito do próximo em benefício exclusivo do distante*, esta presença da ausência cuja amplitude desmedida nos é revelada pelos novos meios de intercomunicação instantânea, como a telemática, a faixa cidadão, o walkman e outras videoperformances.

IV

Ao lado das transformações no povoamento humano devidas à domesticação do fogo, da água e do vento, ao lado das transmutações do ambiente natural e construído provocadas pelas novas energias, não deveríamos acrescentar aquelas que têm sua origem na informação?... as transformações desta súbita *teledistribuição metropolitana*?

Conhece-se a evolução da paisagem rural causada pela distribuição da eletricidade, pela organização ferroviária e rodoviária, assim como as mutações da paisagem urbana provocadas pelo elevador e o metrô e percebe-se ainda a influência das energias alternativas (energia solar e de outros tipos) sobre a moradia..., não seria agora o momento de nos perguntarmos sobre as relações existentes entre estas novas energias e estes novíssimos meios de comunicação de massa? Podemos ainda distingui-los legitimamente entre si? Há tempos a teoria das redes demonstrou esta lógica topológica dos fluxos de transporte e transmissão, fluxos secos, visíveis ou invisíveis, de uma "substância" frequentemente sem consistência, mas não sem consequências.

Se a informática, suas redes, bancos de dados e terminais é portanto uma *energética*, a informação transmitida é por sua vez um *modo de formação* que afetará amanhã os diferentes meios da organização em questão. Lá onde as antigas energias de gás, carvão, petróleo e eletricidade geraram uma corrente de transformação contínua e de longa duração, ainda que de duração bem mais curta do que as do passado, *a energia da informação* alimenta, ao contrário, uma corrente de transformação descontínua, alternativa e de curtíssima duração, na qual o que domina não é mais tanto o espaço, a espacialidade da extensão dos diferentes meios (rural, urbano), mas antes a temporalidade, a natureza dos "regimes de temporalidades", produtos das tecnologias avançadas. Daí as noções, essenciais em nosso entender, de *ao vivo* e de *retransmissão*. Daí igualmente esta inversão filosófica da relação entre a "substância" e o "acidente" (ligada ao avanço de um energetismo resul-

A arquitetura improvável

tante das performances catastróficas do nuclear), a primazia inédita de um acidente compreendido a partir de sua potência energética instantânea, não mais como "deformação", acaso destrutivo, mas antes como "formação", probabilidade produtiva e construtiva, uma formação cuja lógica não é mais aquela formal ou dialética do passado, mas antes a desta *lógica paradoxal* que prolonga, nas práticas industriais e científicas, a crise do determinismo, o célebre "princípio de incerteza" da física teórica contemporânea. Observemos entretanto que, neste "energetismo" surgido do QUANTUM de ação da mecânica quântica, o acidente não é mais este deslocamento visível de um conjunto substancialmente constituído, esta fratura aparente de um objeto qualquer, tratando-se antes de uma *ruptura inaparente da unidade de medida*, medida da matéria ou da luz, do espaço ou do tempo, indiferentemente; um "acidente de transferência" que coloca em questão as referências primárias, a unidade de lugar e de tempo, onde a primazia é hoje do movimento do movimento, esta *transitividade absoluta da velocidade* que representa para a temporalidade o que esta representava ainda ontem para o espaço, no CONTINUUM relativista de Einstein.

Finalmente, se até o século XIX o espaço ainda era semelhante a si próprio, na distinção entre os movimentos e a extensão (física e geográfica) e na diferenciação do espaço e do tempo, no início do século XX, com Albert Einstein, assistimos a uma primeira *confusão* de termos e de aparências, em que o espaço torna-se "espaço-tempo", CONTINUUM espaço-temporal. Mas esta *fusão/ confusão* das duas variáveis ainda não era, ao que parece, nada além de uma simples perturbação, já que assistimos agora com a fragmentação, a desintegração das dimensões e o indeterminismo quântico, às premissas de uma *fusão* em que o espaço-tempo relativista, o CONTINUUM de quatro dimensões, desaparece diante da emergência de um *espaço-velocidade* sem dimensão, a aparição de uma espécie de DISCONTINUUM em que a grandeza da velocidade surge como espaço primitivo, padrão de todo dimensionamento, já que a geometria revela que *na extensão abstrata todas as medidas podem ser reduzidas a medidas de comprimento* (comprimento de onda, por exemplo).

A velocidade portanto não é mais somente, como afirmava o sistema relativista de Einstein, uma grandeza qualitativa mensurável: "a aceleração se definindo como o quociente de um aumento infinitamente pequeno de velocidade, através do aumento de tempo correspondente",[14] mas sim *um espaço qualitativamente medido, dimensionado pela constante da luz, pelo padrão luz e somente por ele.* Parece portanto inexato afirmar, como ainda fazem certos cientistas, que "a velocidade dilata o tempo no instante em que retrai o espaço" (Carl Sagan). O espaço não é mais reduzido pela aceleração, assim como o tempo não é por ela aumentado, já que estas duas variáveis espaço-temporais não são mais entendidas, desde a invenção do *campo* (gravitacional, eletromagnético, etc.), como realmente "substanciais", mas antes como "acidentais" e estatísticas, a ponto de Einstein escrever:

"Com a invenção do campo eletromagnético, era necessária uma imaginação ousada para conceber plenamente que não é o comportamento dos corpos, mas o comportamento de alguma coisa que se encontra entre eles, ou seja, o campo, que poderia ser essencial para ordenar e compreender os acontecimentos."[15]

Estes acontecimentos atômicos e quânticos que Einstein, no final de sua vida, renunciará a descrever como "se passando no espaço e no tempo...".

"O tempo é o acidente dos acidentes", escrevia Epicuro... Parafraseando-o pode-se dizer que o espaço-tempo do CONTINUUM relativista einsteiniano era o acidente dos acidentes de transferência da velocidade, desta "velocidade da luz" que ilumina a matéria no instante em que lhe dá a representação, mas uma representação *hipercinemática* e privada de dimensões físicas, que já prefigurava, depois do declínio do éter, a noção de "campo"; as equações de Maxwell permitindo enfim passar do campo enquanto represen-

---

[14] Jean Abelé e Pierre Malvaux, *Vitesse et univers relativiste*, Paris, Sedes, 1954.

[15] Albert Einstein e Leopold Infeld, *L'Évolution des idées en physique*, Paris, Payot, 1974.

tação (filosófica, teórica...) para o campo enquanto *campo de ação* (atômica, quântica...), no qual a antiga "profundidade de campo" do CONTINUUM relativista de Einstein se apaga a exemplo da profundidade dos perspectivistas do *Quattrocento*...

Esta situação é, aliás, perceptível hoje em dia, ao nível das últimas tecnologias do audiovisual: depois de ter assistido sucessivamente aos primórdios da televisão, do cinemascópio, da alta fidelidade, até as recentes experiências do cinema hemisférico ou ainda do cinema holográfico — no Collège de France em 1982 — pode-se perceber que toda tentativa, independentemente da sofisticação dos meios empregados para criar *relevo* (visual ou sonoro), está destinada ao fracasso, um fracasso patente que não resulta tanto da qualidade da acústica ou das propriedades da ótica em questão, mas, principalmente, do hábito, do sistema de hábitos que é o nosso, já que através do costume este pretenso "relevo" se integra e desaparece, qualquer que seja a verossimilhança inicial... De fato, como qualquer um pode ver, depois de uns poucos meses a pretensa "terceira dimensão" se apaga, e nem mesmo reparamos mais na diferença de profundidade entre o "fotograma" e o "holograma", como se a quarta dimensão fosse naturalmente o único relevo, a única profundidade, *uma profundidade de tempo* à qual nunca nos habituamos realmente, uma *profundidade para-ótica* que se tornaria perceptível em um dia que não seria exatamente o dia da luz (solar ou de outro tipo), mas o dia de uma iluminação subliminar sem qualquer relação com a extensão, as distâncias e as profundidades de campo do espaço tradicional. De fato, se a comutação substituiu progressivamente a limitação e a interface tomou o lugar das superfícies, se a *chegada instantânea* sucedeu às partidas, na inércia de um confinamento em vias de generalização, é porque as noções habituais de altura, comprimento e largura sofreram uma transmutação que afeta e afetará amanhã, com a organização da percepção (ocular e auditiva), a ordenação dos territórios, a construção, a ponto de um único elemento arquitetônico estar prestes a substituir todos os outros, já que a janela substitui a porta...

Trata-se aí de um acontecimento importante, acontecimento que afeta a arquitetura em seu princípio, sua natureza, relegando o *protocolo de acesso físico* (assim como a necessidade de uma presença efetiva) ao segundo plano da experiência real.

Compreende-se melhor desta forma que a materialidade da arquitetura a que Walter Benjamin se referia esteja menos ligada às paredes, aos tetos, à opacidade das superfícies, do que à primazia do "protocolo de acesso" da porta, da ponte, mas igualmente dos portos e de outros meios de transporte, que prolongava em muito a natureza do limiar, a função prática da entrada. Protocolo de acesso físico que emprestava todo o seu sentido ao espaço de uma residência e de uma Cidade ligadas à primazia da sedentaridade sobre o nomadismo das origens. É tudo isto que tende a desaparecer atualmente com as tecnologias avançadas, a teledistribuição à domicílio. Se a janela catódica e a tela matricial substituem a um só tempo as portas e os meios de comunicação física, é porque a própria *representação cinemática tende a substituir a realidade da presença efetiva, a presença real das pessoas e das coisas* e porque o "acidente" das máquinas de transferência instantânea substitui a "substância" do espaço/tempo, em proveito de uma redução energética, de um reducionismo hipercinemático que atinge não somente o urbanismo, a arquitetura, mas ainda a geometria, as dimensões do espaço físico. Não há porque nos surpreendermos, portanto, diante dos cenários "pós-modernos", o caráter ambíguo de uma arquitetura que se tornou superficial, a mediatização do ambiente não atinge mais apenas os equipamentos de comunicação: torres de controle, central de vídeo, centro NODAL, central informática, etc., *mas também o espaço íntimo, a própria natureza da domiciliação*, com o desenvolvimento da teledistribuição; desenvolvimento que pode ser exemplificado pelo apartamento do presidente Servan-Schreiber (Centro Mundial de Informática), pois cada cômodo, *à exceção do quarto de dormir*, é dominado por um mobiliário eletrônico avançado, conjunto de computador-telex para a correspondência (ligado a um satélite), computador com jogos para crianças, computador de administração para a contabilidade doméstica, computador educativo para o aprendizado de línguas, história ou matemática, processador de textos substituindo a antiga máquina de escrever, sem falar nas televisões e videocassetes. Performances e videoperformances que

A arquitetura improvável

têm seu único denominador comum na nulidade arquitetural do prédio, nulidade que podemos, aliás, reencontrar no planejamento de Silicon Valley, subúrbio eletrônico de uma aglomeração sem aglomeração e grau zero da arquitetura na era da não separabilidade telemática.

4.
A DIMENSÃO PERDIDA

I

"Se alguma coisa fosse inesquecível, nós não poderíamos pensar em mais nada", explicava Jorge Luis Borges... Efetivamente, a memória, eletrônica ou não, jamais foi algo mais do que uma fixação, uma fixação que pode se tornar neurótica, patológica, sem as potencialidades projetivas do imaginário, imaginário cuja condição de possibilidade é o *esquecimento*, a ausência de reminiscência, da mesma forma, parece, que a ausência momentânea de consciência, *a interrupção picnolética*, é a condição de existência de um tempo próprio, de uma identidade do tempo vivido para os indivíduos, assim como a ausência de dimensão do *ponto*, do PUNCTUM, este *corte icônico* da representação das grandezas físicas é a condição de aparecimento de uma configuração geométrica herdada do passado; a ponto de se tentar prolongar aqui a análise de um Henri Poincaré a respeito do CONTINUUM e do DESCONTINUUM.

De fato, se, segundo ele, as dimensões físicas podem ser legitimamente consideradas como "cortes" em um CONTINUUM entendido como absoluto e necessário — a exemplo de toda substância — por que não poderíamos considerar, também legitimamente, a ausência de consciência, o corte picnolético, como uma dimensão de tempo própria, uma dimensão desta "profundidade de tempo" que não poupa mais a indispensável consideração dos efeitos da observação sobre os processos observados, contribuindo assim para renovar a experiência do espaço e da duração?

Se este fosse o caso, como já expus em uma obra anterior,[1] e

---

[1] Paul Virilio, *Esthétique de la disparition*, Paris, Balland, 1980.

a ausência picnolética revelasse um "estado de vigília rápida" inversamente proporcional ao estado de sono rápido (ou sono paradoxal) propício às imagens dos sonhos,[2] esta afirmação tenderia a confirmar o fato de que a aceleração e a desaceleração (ou seja, o movimento do movimento) são as únicas dimensões verdadeiras do espaço, de um *espaço-velocidade*, espaço dromosférico que não mais se definiria como *substancial e extensivo*, volume, massa, densidade (maior ou menor), extensão, superfície (mais ou menos longa, alta e larga), mas antes como: *acidental e intensivo*, uma maior ou menor intensividade, mas cuja "grandeza física" não mais seria medida em porção, proporção, dimensão, decupagem de um CONTINUUM morfológico qualquer (euclidiano ou não euclidiano), mas sim em mudanças de velocidade, uma "mudança" que seria instantaneamente uma mudança de luz e de representação, um "dia" diferente do dia da iluminação (solar ou de outro tipo), um *dia subliminar e para-ótico* sem relação com o da observação direta e no qual as representações e configurações viriam menos da *separação* dos pontos, das linhas, dos planos da experiência visual — ou seja, da qualidade de "resolução da imagem" — do que da *interrupção* das sequências de projeção, projeção da luz da velocidade (luz paradoxal) que dimensionaria simultaneamente nossos campos de ação e de percepção, "campos" em que a ação não estaria mais separada de sua representação e onde terminaria a separação entre *tempo mundano* e *tempo humano*, as noções relativistas de "grandeza da velocidade" e "profundidade de tempo" permitindo enfim a apreensão do paradoxo da não separabilidade dos acontecimentos.[3]

Em uma entrevista concedida recentemente, a propósito do lançamento de seu livro *Temps et récit* (Éditions du Seuil), Paul

---

[2] Virilio define a picnolepsia como "o ritmo da alternância de consciência e inconsciência, a interrupção picnolética (do grego PICNOS, "frequente"), a qual ajuda-nos a existir numa duração que é a nossa, da qual somos conscientes. Todas as interrupções estruturam esta consciência e a idealizam" (*Guerra pura*, São Paulo, Brasiliense, 1984). (N. do T.)

[3] Olivier Costa de Beauregard, *Le Second principe de la science du temps*, Paris, Seuil, 1963.

Ricoeur declarava: "Não somos capazes de produzir um conceito de tempo que seja ao mesmo tempo cosmológico, biológico, histórico e individual". Fazer tal afirmação é, em meu entender, menosprezar as conquistas das ciências e das técnicas, a importância decisiva do fator VELOCIDADE nas novas concepções do tempo. É menosprezar ainda a natureza das narrativas tecnológicas. Quando o filósofo explica: "A atividade da narrativa consiste em construir conjuntos temporais coerentes: em configurar o tempo", ele exprime algo que não é apenas uma conquista das ciências "humanas", mas sobretudo das ciências "exatas": a produção de regimes de temporalidade pelas tecnologias (primárias e avançadas), de conjuntos temporais coerentes que contribuem, como vimos, para configurar o espaço, o tempo, "tempo próprio" dos indivíduos, "tempo social" da história das mentalidades, mas ainda e sobretudo "tempo científico e político" da física, da geofísica e da astrofísica.

Representar a construção ou construir a representação?... esta questão encontra-se a um só tempo no cerne do debate sobre a nova aliança das ciências, das artes e das técnicas[4] e das discussões sobre a criação e fabricação com auxílio de computadores. "Não existe verdade científica...", escreveu Einstein... sim, a partir de agora não existe nada mais do que representações momentâneas, representações cujas sequências se aceleram ininterruptamente, a ponto de nos fazerem perder toda referência sólida, todo parâmetro, excetuando o QUANTUM de ação da física teórica e o PUNCTUM da representação prática.

Mas voltemos a Jorge Luis Borges: se o esquecimento é indispensável à projetividade da imaginação e à propagação do pensamento, o *ponto* só será um "ponto de referência" da projetividade geométrica na medida em que for uma falta, uma ausência de dimensão (um buraco negro), uma obscuridade tão necessária à revelação das aparências físicas quanto a câmara escura o é em relação às aparências objetivas da fotografia e do "fotograma" cine-

---

[4] Ilya Prigogine e Isabelle Stengers, *La Nouvelle alliance*, Paris, Gallimard, 1979 [ed. bras.: *A nova aliança*, Brasília, Editora UnB, 1984].

matográfico (o que é confirmado tanto pelos pigmentos dos filmes quanto pelo PIXEL das imagens telemáticas). Desta forma, *o ponto é esta dimensão perdida que permite que nós nos reencontremos*, este *chip*, este microprocessador de nossas representações (matemáticas, estéticas) e de nossas configurações temporais e espaciais.

A perda próxima da máquina, ou antes da "mecânica dimensional" oriunda da geometria arcaica grega, não é portanto uma grande perda; com as *dimensões inteiras*, como observa Mandelbrot em seu último livro,[5] nós perdemos somente uma certa relação de conformidade (entidade, unidade, simetria, etc.) que veio de um passado distante,[6] relação esta que não era estranha ao privilégio aristotélico da "substância" sobre "o acidente"[7] e tampouco ao privilégio exorbitante da longa duração sobre a instantaneidade, à relação a uma temporalidade tida como *linear*, e da qual seríamos progressivamente afastados através da equivalência das velocidades e das extensões.

Finalmente, se a informática surge hoje como uma energética, um *modo de formação*, é porque, nela, o PUNCTUM de ação eletrônica é instantâneo, ou quase... Se o acidente é a provável iminência,[8] na criação com auxílio de computadores, *o ponto, o* PIXEL, *é a iminência das dimensões físicas*, o acidente de transferência do traçado, assim como de toda projetividade (superficial ou volumétrica). De fato, se a interface "homem-máquina" é o produto da interatividade eletrônica e da não separabilidade relativista, *a imagem sintética* é, por sua vez, a consequência visível de uma concepção estatística do espaço e do tempo reais; concepção puramente teórica e quantitativa que encontra uma aparente confirmação prática no surgimento e no desaparecimento de "formas

---

[5] Benoît Mandelbrot, *The Fractal Geometry of Nature*, San Francisco, W. H. Freeman and Co., 1982.

[6] Guilherme de Ockham: citado por Mandelbrot na revista *Le Débat*, n° 24, março de 1983.

[7] "Não existe ciência do acidente" (Aristóteles).

[8] Octavio Paz, *Conjonctions et disjonctions*, Paris, Gallimard, 1971 [ed. bras.: *Conjunções e disjunções*, São Paulo, Perspectiva, 1979].

imagens" compostas por pontos *sem dimensão* e instantes *sem duração*, controlados digitalmente por algoritmos de uma linguagem codificada...

Esta formação energética, ou melhor, esta *geração informática* não mais se limita exclusivamente às imagens sintetizadas geradas por computador, atingindo agora a configuração da produção e o design dos produtos, o que pode ser verificado tanto nos "projetos auxiliados por computador" (CAD) associados à "fabricação auxiliada por computador" (CAM) quanto na estrutura dos veículos e equipamentos mais eficientes, como veremos em seguida.[9] Na Matra (divisão militar), por exemplo, desde 1980 presenciamos uma associação cada vez mais estreita entre CAD e CAM, associação que reúne computadores EUCLID VAX 780 ligados por uma rede DECNET, cada um dos computadores do complexo EUCLID estando implantados em um ponto diferente, a saber: Vélizy, na região parisiense, e Toulouse. Na fabricação auxiliada por computador, três centros de produção situados respectivamente em Signes, Salbris e Le Chesnay estão equipados com "máquinas operatrizes" controladas por computador e cuja programação se realiza através de um sistema COMPACT II de programação simultânea através do acesso à rede em tempo compartilhado. A previsão é de que, até o final de 1983, seja estabelecida uma ligação permanente entre o complexo EUCLID de CAD e os centros de produção usando CAM da divisão militar da Matra.

Se tentarmos resumir aqui a evolução do "modo de produção telemático", esta redução drástica dos ciclos "concepção-fabricação", observaremos que os pequenos empreiteiros utilizam os planejamentos tradicionais, os grandes empreiteiros se valem de fitas magnéticas e, no nível mais alto, na própria Matra, dispõe-se da ligação, da interconexão entre a imagem digital, a memória virtual e a peça fabricada pelas *máquinas de transferência*, máquinas que substituirão em breve as *máquinas primárias* com o que isso supõe

---

[9] CAD/CAM, abreviaturas em inglês para os termos Computer Aided Design (CAD) e Computer Aided Manufacturing (CAM): computação gráfica aplicada à área do desenho industrial, da arquitetura e da simulação de produtos industriais. (N. do T.)

em termos de reorganização dos organogramas de administração, reajuste dos funcionários, dos dispositivos e da própria arquitetura industrial. Mas este quadro ainda não estaria completo sem o desenvolvimento conjunto (na área aeroespacial, por exemplo) de um último sistema interativo, sistema de "apresentação auxiliada por computador", espécie de DIAPORAMA eletrônico destinado aos clientes: "Este sistema permite que sejam apresentados, em cerca de cinco minutos, o projeto do avião ATR 42 assim como os diferentes meios utilizados (pela empresa aeroespacial e pela Aeritalia) para a construção do aparelho, sua comercialização e os serviços de assistência técnica, incluindo diversas simulações de usos possíveis do aparelho de acordo com as performances do avião em cada uma de suas configurações. As companhias aéreas podem assim interagir com o programa para estudar as configurações de organização (número de poltronas, capacidade de carga, etc.); as principais características de uso: velocidade, altitude, carga útil, consumo, tempo de voo, reservas, etc. sendo *exibidas na tela em tempo real* em função das características das escalas previstas: extensão das pistas de decolagem e aterrissagem, distâncias entre escalas, possíveis desvios de rota, etc.".[10]

Esta apresentação por computador, que substitui as exposições estáticas do material aeronáutico, é de fato uma verdadeira ferramenta de trabalho que integra os idealizadores, os realizadores e os usuários em um terminal interativo.

Esta capacidade de integração antecipada do produto final também é desenvolvida a nível de projeto, desta vez com o auxílio de "testes auxiliados por computador" (CAT), sistemas que permitem estudar, desde a origem, o envelhecimento das peças, as deformações das estruturas, as fissuras, a erosão das superfícies, as diversas degradações de um objeto *ainda inexistente*, sem esquecer a tipologia dos acidentes previsíveis...

O segundo exemplo, a que nos referimos antes, diz respeito à arquitetura do veículo, à configuração do futuro caça supersônico de alta manobrabilidade (HIMAT) em que o controle da sus-

---

[10] Catálogo da exposição *CAD/CAM 83*, Paris, janeiro de 1983.

tentação deverá ser assegurado, integralmente ou quase, pela eletrônica, as asas perdendo sua utilidade de apoio e sustentação para participar da diretividade do trajeto de voo (a geometria variável tendo esboçado esta tecnologia de ponta): *o avião fundamentalmente instável evoluindo em alta velocidade numa constante perda de sustentação (altitude e direção) e portanto em reequilíbrio permanente.* Mesmo que esta técnica seja ainda experimental, já nos deixa entrever o futuro da eletrônica embarcada. *Com este* HIMAT, *a eletrônica sustenta o veículo, tanto quanto a potência energética de seu propulsor.* Se o avião é sustentado no espaço aéreo pela velocidade de ejeção de suas turbinas, ele também o é, não mais pela superfície fixa das asas, mas antes por *uma central inercial* altamente complexa que assegura por si só o reequilíbrio do motor, através de sensores espalhados pela superfície do aparelho. Estes elementos intercambiáveis possuem *uma flexibilidade controlada ponto por ponto* semelhante à membrana vibratória dos golfinhos.

De fato, este *feedback* instantâneo das informações de voo realiza o apoio imaterial de um aparelho praticamente desprovido de planos de sustentação. Esta instabilidade programada, este acidente constantemente diferido da perda de sustentação efetiva, permite uma manobrabilidade inigualável em altas velocidades de evolução, a associação da *velocidade de ejeção* da turbina e da *velocidade de informação* da central inercial permitindo finalmente a realização de um controle telemático da sustentação totalmente livre dos equipamentos aeronáuticos tradicionais (asas, empenagem, lemes, ailerons e diversos tipos de estabilizadores...).

Se a informática se integrou à "telemática", ou seja, na instantaneidade de uma transmissão à distância, observamos que ela se integra aqui a um objeto restrito. O fim das *grandes distâncias de tempo* esgota não somente as dimensões geométricas e a organização geográfica dos territórios industriais e urbanos, mas ainda as proporções, a configuração do motor. Com a *distância-velocidade* (machmetro, milissegundo) a extensão do aparelho sofre uma pressão análoga à da extensão territorial, pressão que poderíamos qualificar como DROMOSFÉRICA, já que *o objeto técnico sofre uma deformação inerente à rapidez da transferência de informação.*

A dimensão perdida

Uma vez que a velocidade de transmissão dos dados do voo age da mesma forma que a do vento relativo gerado pela resistência do ar ao movimento sobre a forma do aparelho, assistimos a uma conjunção da telemática e da aerodinâmica, a tal ponto que poderíamos nomear este tipo de veículo não mais como "super" ou "hipersônico", mas sim *teledinâmico*, a velocidade da informação estando muito mais próxima da velocidade da luz do que da velocidade do som. De fato, assim como a forma-imagem televisionada resulta da rapidez das partículas aceleradas pelo tubo catódico, a ideia que temos aqui do avião é apenas uma *imagem virtual*, um holograma resultante não somente da velocidade do vento aerodinâmico, mas, essencialmente, da dinâmica excessiva da informática, ou seja, de um modo de formação energética que contribui para uma transmutação das aparências físicas.

II

"A forma é o fundo que remete à superfície" — esta definição de Hugo para a interface não se aplica somente ao modo de formação aerodinâmica que tem origem nas capacidades informativas da eletrônica embarcada; a configuração final de uma tal aeronave (HIMAT) resulta menos das restrições externas da atmosfera do que das restrições internas da "dromosfera" ou, se preferirmos, da instantaneidade da transferência de dados entre os sensores distribuídos pela superfície do motor e a central inercial; cada um destes *sensores* ou PUNCTUM de ação informática atua, através da central inercial, sob a forma do veículo e a configuração de seu voo, a exemplo dos PIXELS na configuração da forma-imagem sintética da tela do computador.

Conhecendo o papel desempenhado pelos computadores e pelas mesas gráficas na elaboração da *geometria fractal* (papel análogo, observemos, ao do telescópio e do microscópio na apercepção do infinitamente grande e do infinitamente pequeno), permitindo a Mandelbrot *ver além dos gráficos* uma série de imagens sintéticas complexas, a projeção de uma paisagem fracionária, facilitando assim a verificação DE VISU de uma teoria completamente abstrata, o que o matemático viria confirmar ao declarar: "Rapidamente, me acostumei a ilustrar minhas ideias, antes mesmo que elas houvessem amadurecido, pois a ilustração facilitava o amadurecimento".[11] Compreende-se melhor agora a natureza da interface, sua função de revelador informático (ótico-eletrônico) substituindo as fastidiosas verificações matemáticas do passado. De fato, da mesma forma que em 1968 a aceleração do cálculo de certas *tabelas numéricas* desempenhou um importante papel ao favorecer enormemente o estudo de Mandelbrot, a aceleração da projeção das *imagens numéricas* iria proporcionar uma verdadeira confirmação científica, a ponto dos especialistas que examinavam os resultados do trabalho do geômetra "não conseguirem mais distinguir entre os dados e os traçados",[12] feito do qual Mandelbrot deve ter se orgulhado, já que em 1975 escreveria: "Para alguém que ame a geometria, o melhor teste será sempre, em última análise, o julgamento daquilo que seu olho transmite ao cérebro: o computador gráfico é hoje, para um tal geômetra, uma ferramenta insuperável".[13]

Finalmente, constatamos aqui que as dimensões "fracionárias" são as herdeiras desta dimensão perdida, deste PUNCTUM informático, este PIXEL que permite a projeção instantânea dos dados, a representação de uma *forma-imagem digitalizada* (sintética), mas também, como vimos anteriormente no exemplo da aeronave supersônica, a apresentação, em tamanho natural, de uma *forma-objeto*, de uma célula aeronave interativa, da qual são desejadas performances iguais às do movimento browniano ou, para ser mais preciso, as de um voo browniano...

A partir do momento em que nos lembramos da importância do estudo das turbulências em Richardson e Mandelbrot e do papel da análise dos movimentos brownianos para o desenvolvimen-

---

[11] Benoît Mandelbrot, *Le Débat*, n° 24, março 1983.

[12] Benoît Mandelbrot: *idem*.

[13] Benoît Mandelbrot, *Les Objets fractals*, Paris, Flammarion, 1975 [ed. port.: *Os objetos fractais*, Lisboa, Gradiva, 1991].

to dos "fractais", não podemos evitar de comparar a busca de uma manobrabilidade aeronáutica mais ampla através do controle de incessantes *turbulências* em direção e altitude com esta pesquisa sobre os acidentes, os *fractais*, na variação contínua das dimensões inteiras. De fato, o estudo das variações da extensão aproximada do litoral feito por Richardson e o estudo da variação contínua das dimensões por Mandelbrot são inseparáveis de uma nova apercepção do espaço, apercepção relativista que equivale *a não mais sublimar a equivalência das extensões e das velocidades*, tanto na representação das figuras quanto na configuração dos objetos; apercepção que terminará por considerar as dimensões não somente como *entrópicas*, no sentido da termodinâmica, mas também como *informáticas*, no sentido que Claude Shannon dá a este termo em sua teoria da informação. Todos estes fatores tendem a explicitar, além da crise das dimensões "inteiras", a perda das noções habituais de superfície, de limitação e separação, para dar lugar a noções como *interface*, comutação, intermitência e interrupção, o que sem dúvida deverá repercutir na concepção e também na construção, nas técnicas de edificação. Ao materializar figuras impossíveis de se ver de outra forma, a infografia extermina as três dimensões, assim como a holografia extermina o relevo e a televisão ao vivo o faz com a profundidade de campo do espaço real.

Finalmente, o *terminal* ótico-eletrônico representa para Mandelbrot o que o *telescópio* ótico representava para Galileu e a *cinemacroscopia* para Jean Painlevé, cada uma destas tecnologias operando em seu próprio tempo um deslocamento das aparências, transferência que evidencia não somente entidades, substâncias ou elementos distintos, mas a transparência absoluta, esta transitividade em que o padrão primário das dimensões inteiras pode apenas ser abandonado, esquecido, para dar lugar ao padrão de transferência das dimensões fracionárias, fratura através da qual as dimensões geométricas são, para os projetistas, apenas "efeitos de superfície" momentâneos, assim como as profundidades do espaço geográfico o são para os viajantes de um turismo supersônico que se esforça não somente para apagar a extensão da costa da Bretanha mas em *apagar o Atlântico*, já que em um período de aproximadamente trinta anos o tempo de sua travessia reduziu-se de 24 horas, com escalas, para três horas e meia...

De fato, o enquadramento do ponto de vista dos projetistas na tela do computador não tem mais nada em comum com o dos espectadores e telespectadores, nem tampouco com o dos quadros de referência da representação gráfica e fotográfica, na medida em que *contêm todos eles*, unidos em uma mesma interface, em uma mesma "comutação de visão" que impossibilita qualquer distinção normativa entre o real e o simulado.

Como explicava ainda recentemente o pintor Kandinsky: "As leis de harmonia, hoje interiores, serão exteriores no futuro". De fato, pois atualmente a representação se estende para o além do real,[14] para além das aparências perceptivas e dos quadros conceituais tradicionais, a ponto de não se poder mais fazer uma distinção válida de diferença de natureza entre os objetos e as figuras, como se as tecnologias avançadas (audiovisuais, automóveis...) tivessem desnaturado a observação direta, o senso comum; como se as técnicas cinematográficas e videográficas tivessem sido nada mais do que signos precursores, os sintomas de uma *desrealização* das aparências sensíveis com a invenção artesanal da *fusão* (*dissolving view*), do *feedback*, da *câmera lenta* e da *acelerada*, do *zoom* e, finalmente, da *transmissão ao vivo* e da *retransmissão*.. Tecnologias que anteciparam uma questão resumida com perfeição pelo cineasta Jean Luc Godard:

"O único grande problema do cinema me parece ser, cada vez mais, a cada filme, onde e por que começar um plano e onde e por que terminá-lo... Em suma, a vida preenche a tela como uma torneira enche uma banheira que se esvazia na mesma proporção, ao mesmo tempo."

Questão essencial que se coloca não somente para os cineastas, mas para diversos responsáveis, diversos profissionais e em particular para os urbanistas, os arquitetos. Aspecto do indeterminismo científico contemporâneo cuja crise das dimensões é tam-

---

[14] Bernard d'Espagnat, *À la recherche du réel*, Paris, Gauthier-Villars, 1980.

bém um sintoma, *crise da decupagem e não da montagem* (crise da representação e não da construção), crise que diz respeito tanto à macroscopia quanto à microscopia, tanto ao *scanner* quanto a esta nova *câmera de positrons*, câmera que permite registrar a atividade das áreas cerebrais, a ponto de pretender nos exibir as imagens mentais do cérebro, visualizar esta IMAGO da qual o neurobiologista Jean-Pierre Changeaux nos assegura a concretude ao declarar:

"A materialidade das imagens mentais não pode ser colocada em dúvida",[15] contribuindo assim para rejeitar a distinção entre "objeto" e "figura", a ponto de intitular um dos capítulos de seu livro: *os objetos mentais*; como se as imagens virtuais da informática e as imagens televisuais não tivessem sido nada mais do que a síndrome de uma transparência próxima, transparência que afetaria desta vez a consciência...

III

Com os objetos mentais, o materialismo científico cai em sua própria armadilha e é forçado a reconhecer a densidade àquilo que visivelmente não a possui: às figuras do imaginário, às virtualidades da consciência. Lá onde os microscópios, os telescópios e outros meios de observação aperfeiçoados permitem ver o que não era realmente visto, as tecnologias de investigação avançada parecem se preparar para dar um corpo, uma corporeidade a algo que não a possui.

Depois da descoberta das propriedades ampliadoras das lentes óticas, o uso da luneta astronômica por Galileu, depois da invenção da cronofotografia por E.-J. Marey, a exploração macrocinematográfica do *não visível* por Painlevé, trata-se da emergência do *acorporal*; a figura torna-se um objeto autônomo e a imago transforma-se em uma imagem objetiva, a ponto de determina-

---

[15] Jean-Pierre Changeux, *L'Homme neuronal*, Paris, Fayard, 1983.

dos psicólogos continuarem a falar sobre esta usando as noções de espaço, de dimensões:

"As imagens mentais", explica Stephen M. Kosslyn, "surgem em uma espécie de espaço tridimensional. Isto não quer dizer de forma alguma que as imagens surjam em um espaço tridimensional real, mas somente que surgem em um meio que possui determinadas propriedades funcionais comuns àquele tipo de espaço. É o caso, por exemplo, de uma matriz tridimensional na memória de um computador: trata-se realmente de um espaço tridimensional, não físico, mas funcional."[16]

Ou antes, em nosso entender, *matricial*, já que o termo "funcional" se presta muito mais à confusão, de onde a probabilidade de um novo delírio de interpretação entre "figura" e "objeto", conflito *analógico* que podemos encontrar ao longo de toda a história dos conhecimentos científicos. Aliás, a analogia prossegue ainda com as metáforas de *agrimensura*, modelo de referência da medição e da tomada de imagens, mas, igualmente, modelo de deslocamento do objeto em sua representação. Depois da medição geodésica do arco do meridiano realizada por La Condamine e seus companheiros, depois da medição realizada por Delambre e Méchain, primórdios da metrologia e, mais recentemente ainda, com a medição da extensão da costa da Bretanha por Richardson e Mandelbrot, é Stephen M. Kosslyn, professor de psicologia em Harvard, que propõe uma experiência: *medir uma ilha desenhada mentalmente a fim de testar a equivalência entre as distâncias cartográficas e o tempo de percurso mental.*

Para este fim, Kosslyn pede que seus alunos desenhem o mapa de uma ilha com a praia, a cabana, as árvores, as rochas, etc., dispostas em pontos precisos. Em seguida, retira o mapa e pede que cada um realize "imaginariamente" uma exploração em direção à praia, à cabana, às árvores... Segundo ele, um fato significativo é que a duração da agrimensura imaginária varia de forma linear com as distâncias reais dos pontos marcados pelo sujeito no mapa,

---

[16] Stephen M. Kosslyn, "Les Images mentales", *La Recherche*, nº 108, 1980.

como se a cartografia mental contivesse a mesmo informação sobre as distâncias do que o mapa real...

De fato, se as imagens mentais despertaram o interesse dos psicólogos no século XIX, a invenção da fotografia não é estranha ao contexto; e se, há alguns anos, assistimos a uma retomada deste interesse científico, em detrimento dos behavioristas, os progressos da infografia e da holografia também estão relacionados com isso. Assim como os "clichês" resultantes do tempo de exposição das placas fotográficas representaram uma primeira forma de explicação, as imagens virtuais do computador gráfico parecem confirmar não somente a existência de tal representação, mas ainda a presença *objetiva* das imagens mentais, a ponto de fazê-las perder (principalmente em neurobiologia) seu status de imagens virtuais para acedê-las à condição de objeto mental, o que J.-P. Changeaux reafirma ao escrever no fim de um capítulo consagrado ao tema: "Não é utópico vislumbrar que um dia a imagem de um objeto mental apareça em uma tela".

Contrariamente à interpretação de um Rudolf Arnheim,[17] nesta nova abordagem do pensamento visual, originada essencialmente dos progressos da fotocinematografia, as noções de tempo e de velocidade de exposição parecem ser relegadas a segundo plano em benefício quase que exclusivo dos sistemas de coordenadas tradicionais, ainda que, como vimos, o estudo das propriedades das imagens mentais só possa se realizar através de deslocamentos, rotações e translações que exigem o exame das distâncias de tempo, a consideração da velocidade de execução de movimentos imaginários a tal ponto que, retomando os termos de Shepard e Metzler, J.-P. Changeux descreve a determinação das formas *como uma espécie de rotação mental no espaço tridimensional que se efetua a uma velocidade de aproximadamente 60 graus por segundo*, as imagens mentais se comportando, no fim das contas, como se possuíssem a um só tempo uma rigidez física e uma velocidade de rotação mensuráveis.

---

[17] Rudolf Arnheim, *La Pensée visuelle*, Paris, Flammarion, 1976.

Esta insistência na reutilização dos dispositivos dimensionais e matriciais utilizados para balizar o espaço físico e geofísico para a abordagem do espaço mental parece um absurdo, um absurdo analógico que faz a economia do adquirido, ou seja, das características temporais de tais representações. Retomar a velha bagagem da resolução da imagem geométrica no exame destas imagens da ausência da imagem é se privar voluntariamente de fatores de interpretação essenciais para a compreensão do modo de formação do espaço mental, tal como a fotografia, a cinematografia, mas sobretudo a holografia nos indicaram. Daí a pergunta: *Em qual luz aparecem as imagens mentais? Trata-se de que dia?*

De fato, o problema da forma-imagem não é tanto o da sua formação geometral,[18] mas antes dos modos de aparição e desaparecimento que dizem respeito à luz, à substância de uma "luz" solar, química, elétrica ou de outro tipo, "substância" que a física contemporânea nos ensinou a considerar como material e que as *técnicas da fotossensibilidade* (ótica, energética...) nos acostumaram a utilizar, tanto com as chapas fotográficas do passado, os filmes, as células fotossensíveis, a radiografia, etc. quanto, bem recentemente, com a invenção desta ideografia que permite ver a atividade figurativa das áreas cerebrais, esta *câmera de positrons* capaz de detectar os fótons (ou quantum de luz) graças a uma grande quantidade de células fotossensíveis espalhadas pelo crânio do sujeito consciente...

Fazer a economia destas conquistas no momento preciso em que se prepara, em laboratório, a superação da eletrônica do "transistor" pela fotônica do "transfásico" (transistor ótico), a realização próxima de um verdadeiro *computador ótico* utilizando as variações de intensidade de feixes luminosos em vez da corrente elétrica (a exemplo das redes de fibras óticas) e capaz de processar bilhões de operações por segundo, é se privar das bases de raciocínio necessárias ao exame das propriedades figurativas do imaginário, mas também à redefinição filosófica e científica das noções de espaço, tempo e dimensões.

---

[18] Edmund Husserl, *L'Origine de la géometrie*, Paris, PUF, 1962.

A partir do momento em que observamos hoje a sucessão de formas-imagem que se oferece à nossa percepção (direta, indireta, diferida...), constatamos que nos encontramos, uma vez mais, diante de um *sistema fechado*, sistema de representação do qual não se pode estimar a configuração exata.

Desde as imagens mentais (imago, loci...), passando pelas imagens ocular, binocular e ótica, imagens gráficas, fotográficas, cinematográficas e videográficas, passando pelas da holografia e da infografia, até esta última ideografia (imagem mental reencontrada no espelho das tecnologias avançadas) que culmina a reversão efetuada pela radioscopia e pela endoscopia ao nos deixar ver, não somente nossos órgãos internos, mas também nossos próprios pensamentos, nos encontramos na presença de um verdadeiro caleidoscópio, depósito de imagens, de figuras, cuja coerência jamais é questionada, persuadidos que estamos desde o *Quattrocento* da unidade do real e de sua representação. Na verdade, em breve seremos obrigados a realizar uma dilacerante revisão de nossos conceitos figurativos. Uma tal "reconstrução" não deve aliás ser responsabilidade única dos físicos, dos filósofos, mas também dos arquitetos, urbanistas e outros geômetras, já que aquilo que se produz hoje na *interface* homem/máquina, a superexposição de telas, se produz também no *face a face* homem/ambiente, a exposição da visão imediata. Se, na física do infinitamente "pequeno", a aparência das superfícies esconde uma transparência secreta, uma espessura sem espessura, um volume sem volume, inversamente, na física do infinitamente "grande", as maiores distâncias de tempo e as mais vastas extensões não mais ocultam a visão direta, *a ponto de a percepção dos fatos dar lugar a fatos de percepção sem precedentes* que reajustam os dados da consciência, mas cuja realidade sensível não pode mais ser apreendida. A partir do momento em que nos lembramos, por exemplo, que o inventor do *iconoscópio* (primeira denominação da televisão), Vladimir Zworykin, pensava menos em desenvolver, em 1933 nos laboratórios da RCA, um meio de informação de massa do que uma forma de aumentar a capacidade da visão humana, de aperfeiçoar o olho elétrico, *chegando mesmo a propor a instalação de um aparelho de tomada de imagens em um foguete para observar as regiões inacessíveis do espaço*, antecipando em alguns anos as sondas Pioneer, Voyager e Explorer, compreende-se melhor a equivalência da ótica (telescópia ou televisual) e da energética, equivalência que resulta hoje em uma fusão entre os vetores da representação acelerada (eletrônica ou fotônica) e os da comunicação hipersônica (avião, foguete, satélite...), *fusão/confusão do real e de sua representação* em que a analogia da ilusão de ótica e da ilusão motriz se confirma, e onde a célebre "conquista do espaço" é apenas a aquisição de uma imagem dentre outras possíveis, uma "forma-imagem" definitivamente privada de objetividade.

Nestas condições, a equivalência relativista das extensões e das velocidades torna-se um "fato de percepção", um dado imediato da consciência semelhante ao do postulado de Euclides. Não somente a velocidade não é mais sublimada, mas também é ela que dá forma às imagens: imagens da consciência (imagens mentais e oculares) e consciência das imagens (óticas ou ótico-eletrônicas). Se a velocidade é portanto o caminho mais curto de um ponto a outro, a característica essencialmente redutora de toda representação (sensível e científica) não é nada mais do que um efeito de real da aceleração, um efeito de ótica da velocidade de propagação, velocidade *metabólica* no exemplo das imagens mentais e oculares, velocidade *tecnológica* no das formas-imagens da representação fotográfica e cinematográfica, nas imagens virtuais da infografia e na representação dos lasers óticos.

Assistimos aliás a um acontecimento de certa forma subestimado que tende a respaldar este ponto de vista: às duas *geometrias*, euclidiana e não euclidiana, acrescentam-se a partir de agora e, ao que parece, de forma igualmente legítima, dois *espaços*, duas concepções físicas, a da mecânica clássica (newtoniana), segundo a qual não pode haver interação entre um campo (elétrico ou eletromagnético) e o vazio — pois o vazio clássico é por definição um estado em que não existe nem matéria, nem energia — e a da mecânica quântica, em que o mesmo vazio possui uma estruturação que pode modificar a propagação dos campos de força.

Como explica o físico Claudio Rebbi: "*A estrutura do vazio é uma consequência do princípio de incerteza de Heisenberg. Uma versão deste princípio enuncia que, para todo acontecimento físi-*

co, existe uma incerteza sobre a quantidade de energia liberada durante o acontecimento, incerteza que é ligada à incerteza quanto ao momento exato em que este acontecimento ocorreu. Para todo acontecimento de duração extremamente curta, existe portanto uma grande incerteza sobre a energia. Desta forma, durante todo intervalo de tempo extremamente curto, existe uma forte probabilidade de que o vazio quântico possua uma energia não nula".

Estrutura do vazio, energia do vazio suscetível de se manifestar através da criação ou da aniquilação espontânea de uma partícula, da aparição ou desaparecimento de um campo nas diversas regiões do espaço. Sem prejulgar a validade científica de tais argumentos, podemos entretanto deduzir intuitivamente a importância desta noção *de interação* a partir do conceito *de interface*, tanto no que diz respeito às concepções da física teórica quanto na abordagem das questões de comunicação e telecomunicação, dos fenômenos "tele-topológicos" evocados anteriormente; coisa que, segundo suspeitamos, não deverá deixar de influenciar a organização do espaço e do tempo, já que, convém lembrar: *todo sistema interativo supõe um confinamento, uma inércia e graus de liberdade*, confinamento inercial que, algum dia, poderia substituir o deslocamento real (de pessoas, de objetos) como este último sucedeu ao aprisionamento, à sedentaridade metropolitana.

IV

Imagem interativa, cidade interativa, se *toda imagem é destinada à ampliação*, deve-se considerar que na era da não separabilidade este destino se cumpre sob nossos olhos graças ao desenvolvimento conjunto do ambiente eletrônico urbano e da arquitetura de sistema, arquitetura improvável, mas cuja eficiência não se pode negar.

Ubiquidade, instantaneidade, o povoamento do tempo suplanta o povoamento do espaço. À organização durável dos continentes sucede-se neste exato momento a incontinência generalizada das transferências e das transmissões: aos 300 milhões de turistas anuais, aos 100 mil passageiros diários das companhias aéreas, juntam-se centenas de milhares de automobilistas, de telespectadores, prenunciando a multidão incontável dos interlocutores da telemática, os "tele-atores" das máquinas de transferência: daí este declínio dos grandes conjuntos políticos e jurídicos, a *descolonização*, a *descentralização*, os primórdios desta *desurbanização* "pós-industrial" da qual já podemos avaliar os efeitos, aqui e ali, na Europa ou na América, sem falar nos fenômenos de hiperconcentração de determinadas megalópoles como a Cidade do México, *capital que absorve o México* e deverá ter até o final do século 40 milhões de habitantes, assim como Xangai e São Paulo deverão contar, cada uma, com 30 milhões de habitantes... Hiperconcentração que nenhum urbanista digno de tal qualificação arriscaria interpretar como significativa de uma sobrevivência, de um desenvolvimento da forma urbana, mas antes como indicativa de uma *massa-crítica*, índice cataclísmico de uma *desintegração* próxima da cidade histórica, da urbanização tradicional e, igualmente, da forma-Estado.

De fato, a geopolítica das nações que ainda ontem supunha o privilégio hierárquico do centro sobre sua periferia, do vértice sobre a base, o "radioconcentrismo" das trocas e das comunicações horizontais, perde seu valor, assim como a extrema densificação vertical, para dar lugar a uma configuração morfológica inaparente em que o NODAL[19] sucede o CENTRAL em um ambiente eletrônico dominante no qual a "telelocalização" favorece o desdobramento de uma excentricidade generalizada, periferia sem fim, sinal precursor da superação da forma urbana industrial, mas sobretudo signo do declínio da sedentariedade metropolitana em benefício de um *confinamento interativo* obrigatório, espécie de inércia do povoamento humano para a qual pode-se propor o nome de *teleconcentrismo*, enquanto esperamos que o termo *homeland* venha substituir o de grande subúrbio. A oposição cidade/campo chegando ao fim ao mesmo tempo em que se dissipa a unidade geomorfológica do Estado, com a autonomia, e por vezes

---

[19] NODAL: nó de telecomunicação e polo de teledistribuição.

A dimensão perdida

até a independência condicional, concedida aos diferentes subconjuntos locais formando uma *entidade extraterritorial interna* que abole não somente a distinção entre povoamento metropolitano e "colônia de povoamento", mas também, o que é mais grave, o *direito de cidade*, a própria necessidade de cidadania política para as populações administradas, como já é o caso das dez HOMELANDS implantadas na África do Sul entre 1975 e 1976 pelo governo de Pretória, onde 80% da população africana vivem abaixo do limite da pobreza e 8 milhões de negros já perderam sua cidadania sul-africana de origem para tornarem-se cidadãos de segunda classe nos Estados concentracionários "independentes", governados por um regime autocrático e batizados, conforme o caso, de "Estado-Cidade" ou "Estado-Nacional", estando totalmente desprovidos de recursos agrícolas ou industriais, por vezes não contando nem mesmo com água, como Kwandebele, que depende exclusivamente dos envios de fundos dos trabalhadores emigrados...

Conclusão perfeita do sistema colonial, repatriamento de um assujeitamento justamente rejeitado há 20 anos, o *Grande Apartheid* sul-africano e o separatismo sistematicamente desenvolvido na Ásia, no Oriente Médio e em outras partes não são uma refutação do princípio da não separabilidade evocado anteriormente, mas antes sua confirmação na medida em que estas práticas discriminatórias marcam o advento de um ENDOCOLONIALISMO pós--industrial que sucede ao EXOCOLONIALISMO dos Impérios centrais da era industrial; introversão resultante a um só tempo da desindustrialização das aglomerações metropolitanas, do progresso da automação, do declínio da força de trabalho assim como das capacidades interativas instantâneas das tecnologias que, a partir de agora, privilegiam a *intensividade* monopolística multinacional em detrimento da *extensividade* do capitalismo nacional.

De fato, se hoje em dia aquilo que se encontra aqui é tendencialmente desqualificado pelo que está *além*, se o que está presente é potencialmente desacreditado pela imediatez do que está ausente ou diferido, então a concentração metropolitana não tem mais sentido, a aglomeração urbana não tem mais razão de ser do que os Impérios coloniais derrotados, e o Estado nacional termina por desaparecer em sua própria multiplicação, assim como outrora o Estado-Cidade proliferou antes de se extinguir para dar lugar à *capital* única, polo político da forma do Estado nacional. Da mesma forma e simultaneamente, já que *o que é interativo é intercambiável*, o urbano não possui mais uma forma, excetuando esta "forma-imagem" sem dimensão, este ponto, este PUNCTUM que se encontra em toda parte enquanto que a extensão mensurável não está em lugar nenhum, a exemplo do NODAL, este nó pascaliano, centro que exclui toda "circunferência", a própria ideia de uma periferia qualquer, princípio de incerteza aplicado ao CONTINUUM geomorfológico mundial que prolonga a abstração geométrica da Cidade da antiguidade, esta PÓLIS inovadora não somente em uma ISONOMIA política, mas igualmente na existência de um *Estado de direito* para seus cidadãos moradores, autóctones ou assimilados. Estado de direito civil cuja degradação é hoje tão manifesta quanto a da forma metropolitana e da qual a própria noção de "Direitos do Homem" indica claramente o nível de crise; crise de identidade nacional, crise consecutiva da cidadania territorial, da localização, desmesura que afeta simultaneamente os locais, os homens, a justiça e o direito, *politicamente comparável à crise da noção de dimensão*, curiosamente análoga ao caráter fracionário de nossas recentes concepções em matéria de física teórica, advento de uma desinformação "transpolítica" só comparável ao excesso de informações; incerteza quanto ao status de pessoas e lugares cuja perspectiva, perspectiva sem horizonte ou antes perspectiva cujo horizonte é "negativo" — negativo como estes filmes destinados a impressionar nossas retinas — nos é indicada pela evolução histórica do direito, desde o *direito territorial* de origem agrárias e pré-geométricas das sociedades até o *direito espacial* (sideral) atual passando pelas peripécias do direito marítimo (os avatares da Conferência Internacional sobre o *direito dos mares*, por exemplo) ou do *direito aéreo* (a desregulamentação tarifária). Direito momentâneo, legislação da instantaneidade, tribunais de exceção, governo por decretos, por medidas provisórias, estado de emergência, *indícios de uma intensividade transpolítica destrutora da permanência das leis, da longa duração do direito, da persistência de um Estado civil*, persistência enfraquecida a partir de agora pela instabilidade das condições de emprego, de moradia, da frequência

A dimensão perdida

de trocas e de fluxos "transfronteiriços", sinais de decrepitude de uma *paz civil* cujas conquistas são ameaçadas permanentemente pelas tecnologias de vanguarda e cuja situação é explicitada pelas noções de *terrorismo e de atentados contra o Estado*: desde a desurbanização do Camboja pelo Khmer Vermelho até a realização próxima do *Grande Apartheid* sul-africano, a criação de verdadeiras *precipitações extraterritoriais internas, homelands* para populações indígenas rebaixadas ao status de intocáveis, sem omitir este outro aspecto da desregulamentação urbana causada atualmente pela desindustrialização das aglomerações europeias e americanas, a deterioração de grandes centros urbanos como Detroit, Chicago, Cleveland ou St. Louis, cidades desprestigiadas como centros das regiões industriais americanas, cidades decadentes como o foram, em outros tempos, suas próprias regiões centrais, transformadas em guetos para as populações discriminadas... Fenômenos aparentemente inversos e no entanto idênticos aos registrados na África do Sul — onde os subúrbios são declarados *área branca* — o que permite explicar a eleição recente de prefeitos negros, o surgimento de uma maioria urbana negra, a transformação das metrópoles do Leste dos Estados Unidos em zonas sinistradas, *slump city* idênticas à da depressão industrial britânica e cuja tendência é indicada claramente pelos preparativos do presidente Reagan em matéria de "proteção civil", já que este aprovou em 1982 *um plano de sete anos para remanejar dois terços da população americana* com uma verba de 4 bilhões de dólares para este período. Desta forma, ao longo da década de 80, 380 regiões de alto risco deveriam ser evacuadas para um mesmo número de regiões de *relocação provisória*, dobrando assim o número esperado de sobreviventes no caso de um eventual conflito nuclear.

Pode-se ver facilmente por trás deste programa de redistribuição metropolitana as segundas intenções dos responsáveis pelo Estado da União. A desregulamentação econômica tão frequentemente gabada pelos "novos economistas" americanos encontraria aqui sua conclusão. A "grande desordem" monetária e tarifária esboçada pelas empresas multinacionais no início da década de 70 torna-se, desta vez, desordem da organização urbana. A pauperização do subcontinente andino atingiria então o conjunto do continente americano. Com o abandono de populações tornadas supranumerárias e improdutivas pelo desenvolvimento da automação, o progresso da teleinformática, o declínio crepuscular do *Estado-providência* encontraria uma geografia voluntária proporcional ao enfraquecimento da assistência, geopolítica da urgência, do desemprego e do rebaixamento que ilustram o surgimento de um *Estado-destino* pós-industrial e transpolítico fundado sobre a ameaça, o risco apocalíptico, e não mais sobre o inimigo político, o concorrente econômico, o adversário ou o parceiro social, verdadeira contagem regressiva da História, fim do princípio da união territorial e do direito de cidade em que os lugares, os homens e as coisas se tornariam intercambiáveis à vontade.

Sob este ângulo, a *descentralização* assume, sobretudo na França, um sentido totalmente diverso de uma autonomia concedida a regiões, assinalando o fim da unidade de lugar do velho teatro político da Cidade e sua substituição próxima por uma *unidade de tempo*, uma cronopolítica da intensividade e da interatividade, tecnicidade que sucede à longa duração da Cidade, arquitetura de sistemas substituindo definitivamente os sistemas da arquitetura e do urbanismo contemporâneos.

A dimensão perdida

5.
AS PERSPECTIVAS DO TEMPO REAL

I

> "Quanto mais os telescópios forem aperfeiçoados,
> mais estrelas surgirão."
>
> Gustave Flaubert

Trata-se aqui do desdobramento da visão e do surgimento de uma segunda ótica: aquela que torna possível hoje a realização de uma *teleconferência* entre Tóquio e Paris. Alguns se referiram, há alguns anos, a um *buraco no espaço* e outros, mais recentemente, a um *buraco no tempo*, o tempo real da transmissão instantânea de acontecimentos históricos, em especial da Guerra do Golfo. Esta hesitação semântica me parece característica da perturbação da percepção que de agora em diante afeta nossas sociedades diante do progresso das teletecnologias e do declínio de importância da ótica geométrica, *ótica passiva* do espaço da matéria (do vidro, da água ou do ar) e que, no fim das contas, só diz respeito à proximidade imediata do homem.

Nós chamaremos esta última de *pequena ótica* para reservar à ótica ondulatória, *ótica ativa* do tempo da velocidade da luz, o caráter de *grande ótica* que não considera a noção clássica de *horizonte*. A eletro-ótica das ondas que veicula o sinal de *vídeo* introduz a questão da digitalização deste sinal, cuja importância é reconhecida por todos, não somente no domínio da observação astronômica, com as conquistas da ótica dita *adaptativa*, mas sobretudo na utilização recente dos *espaços da realidade virtual*.

Uma vez que a *ótica* é a parte da física que trata das propriedades da luz e portanto dos fenômenos de visualização, ao desdobramento da visão se acrescenta o desdobramento da luz em si, não somente, como antes, entre luz *natural* (o sol) e artificial (a eletricidade), mas ainda entre luz direta (sol e eletricidade) e luz indireta (a videovigilância), divisão que resulta da interação, em tempo real, dos fenômenos óticos e da eletrônica, dando origem ao termo *ótico-eletrônica*.

Tudo isto nos leva a falar não mais, unicamente, como os filósofos da idade clássica, em extensão e duração do espaço da matéria, mas ainda na *espessura ótica* do tempo da luz e de sua amplificação *ótico-eletrônica*, que exigem, ambas, a superação da perspectiva geométrica da Renascença italiana por uma perspectiva eletrônica: a do tempo real da emissão e da recepção instantânea dos sinais de áudio e vídeo.

Desta forma, diante da recente renovação da ótica geométrica dos raios luminosos pela ótica ondulatória da radiação *eletromagnética* das partículas que veiculam a visão e a audição, assistimos ao surgimento de um último tipo de transparência: *a transparência das aparências transmitidas instantaneamente à distância*, *trans-aparência* que vem completar — e por assim dizer concluir — a transparência, natural, da atmosfera terrestre, ocasionando ao mesmo tempo uma espécie de duplicação estereoscópica das aparências sensíveis, da representação do mundo e portanto, indiretamente, da própria estética.

À estética do aparecimento dos objetos ou das pessoas que se destacam no horizonte aparente das unidades de tempo e de lugar da perspectiva clássica, acrescenta-se, para você e para mim, a estética do desaparecimento de personagens distantes surgindo sobre a ausência de horizonte de uma tela catódica em que a unidade de tempo predomina sobre a do lugar de encontro: a perspectiva em tempo real da grande ótica suplantando definitivamente as performances da pequena ótica da perspectiva do espaço real: o ponto de fuga da focalização dos raios luminosos subitamente cedendo lugar à fuga de todos os pontos — pixels — da imagem televisionada.

Consequentemente, a transparência direta do espaço, que permite a cada um de nós perceber nossos vizinhos imediatos, é completada pela transparência indireta do tempo da velocidade das ondas eletromagnéticas que transmitem nossas imagens, nossa voz e no futuro, não duvidemos, nossa ação através de vestimentas transmissoras de dados (*Data Suit*) que permitirão não somente a *tele-visão* e a *tele-audição*, mas ainda a *tele-ação* em comum.

Antes de abordar o quadro da futura *tele-existência*, voltemos a esta grande ótica eletromagnética que permite hoje que nos reunamos à distância, nos antípodas do planeta. À iluminação direta do astro solar, que decompõe em dias distintos a atividade de nossos anos, acrescenta-se para nós, de agora em diante, a iluminação indireta, a luz de uma tecnologia que favorece uma espécie de desdobramento da personalidade do tempo: o tempo real de nossas atividades imediatas, onde agimos simultaneamente aqui e agora na grade de horários da emissão televisiva, em detrimento do aqui, ou seja, do espaço do lugar de encontro, como neste colóquio que se estabelece entre nós graças ao satélite, mas, paradoxalmente, em nenhum lugar do mundo...

Como viver verdadeiramente se o aqui não o é mais e se tudo é agora? Como sobreviver amanhã à fusão/confusão instantânea de uma realidade que se tornou ubiquitária se decompondo em dois tempos igualmente reais: o tempo da presença aqui e agora e aquele de uma *telepresença* à distância, para além do horizonte das aparências sensíveis?

Como administrar racionalmente o desdobramento não somente das *realidades atual* e *virtual*, mas ainda do horizonte aparente que baliza o limite de percepção de minha atividade cotidiana e do horizonte *trans-aparente* de uma tela que subitamente entreabre uma espécie de janela temporal para interagir alhures e, frequentemente, muito longe?

A menos que se negue, a exemplo de Marvin Minsky, a importância da ótica analógica e, portanto, do horizonte das aparências, hoje precisamos imperativamente questionar a característica *estereoscópica* não somente do *relevo das aparências* e da terceira dimensão espacial, mas sobretudo da quarta dimensão, o relevo temporal gerado desta vez pelo desdobramento entre as proximidades espacial e temporal, o relevo de um mundo a partir de agora superexposto à amplificação eletro-ótica de sua profundidade de campo.

"A presença só é presença à distância, e esta distância é absoluta, ou seja, irredutível", escreveu Maurice Blanchot.

Hoje em dia, quando a noção de distância deu lugar, em física, à noção de uma potência de emissão instantânea, a ótica ondulatória alcança uma *flutuação das aparências* na qual a distância não é mais, como desejava o poeta, a profundidade da presença, mas somente a sua intermitência. Com o intervalo de espaço (signo negativo) e o intervalo de tempo (signo positivo) tendo há pouco cedido lugar ao intervalo do signo nulo da velocidade-luz das ondas que veiculam a informação, examinemos agora os problemas colocados pela inovação de uma digitalização dos sinais (áudio, vídeo e tácteis) permitindo não mais, como antes, com a estética do aparecimento, a representação da realidade sensível, mas antes sua efetiva apresentação intempestiva graças aos captadores, sensores e outros *teledetectores* daquilo que designamos como *telepresença*.

Só há presença verdadeira no mundo — no mundo que é próprio da experiência sensível — pela intermediação do *ego-centramento* de um presente-vivo, ou seja, através da existência de um corpo próprio vivendo aqui e agora. A questão colocada pela intermitente *tele-presença à distância* introduz portanto, a despeito dos cognitivistas, uma série de interrogações análogas às colocadas, em física, pela célebre distância de Planck: a partir do momento em que o extremo distanciamento espacial dá lugar, subitamente, à extrema proximidade do tempo real das trocas, instala-se simultaneamente uma separação irredutível. Apesar da ausência de intervalo devida à inexistência do espaço real do encontro, a interface de signo nulo das ondas eletromagnéticas que permite a telecomunicação impede a confusão habitual do aqui e agora, uma vez que a instantaneidade da interatividade não elimina jamais a distinção entre o ato e o agir à distância. Dá-se o mesmo no caso de uma *tele-existência* em comum, independentemente do grau de proximidade dos tele-atores reunidos à distância.

Desta forma, além do uso do capacete (VPL) e da vestimenta transmissora de dados (*Data Suit*) no domínio do espaço virtual (*Cyberspace*), que provoca um primeiro desdobramento da personalidade do tempo entre *atual* e *virtual*, existe ainda um outro uso deste tipo de equipamento *eletroergonômico* que diz respeito, desta vez, ao espaço atual das trocas à distância: trata-se do *tele-operador* (ou *telemanipulador*) que, graças aos progressos recentes da *teletactilidade*, faz com que o alto-relevo do toque à distância venha completar a alta-fidelidade sonora e a alta definição visual.

De onde, em breve, o surgimento de um volume puramente temporal e, na verdade, o advento de uma "perspectiva" do toque em tempo real que virá desestabilizar a visualização clássica dos perspectivistas do *Quattrocento* e, portanto, a visão de mundo do próximo século.

A título de conclusão provisória, observemos que a *grande ótica ondulatória* atualmente não diz respeito somente ao alcance visual, abrangendo a totalidade de percepção das aparências sensíveis, incluindo o sentido do tato e isto porque o tempo, o tempo real do terceiro intervalo do tipo luz das ondas eletromagnéticas, predomina definitivamente sobre o espaço real da matéria, sobre a extensão, a duração das substâncias que compõem o estrito meio humano. Hoje em dia, graças às técnicas ditas de retorno do esforço, ao *feedback* da luva de dados Telefact, recentemente comercializada, e, futuramente, à combinação teletáctil integral em que o toque — o impacto — será o do corpo inteiro, assistiremos à produção industrial de um desdobramento da personalidade; não a clonagem do homem vivo, mas sim a criação técnica de um dos mitos mais antigos: o mito do duplo, de um duplo *eletroergonômico* de presença espectral, outra denominação do fantasma ou do morto-vivo.

É realmente impossível não invocar a dramaturgia adequada a este tipo de nova tecnologia.

O *traumatismo do nascimento* atingindo não somente o sujeito, a criança, mas igualmente o objeto, o instrumento que surge, cabe a nós tentar descobrir o acidente original específico deste tipo de inovação técnica. A menos que se esqueça voluntariamente que a *invenção do naufrágio* é a criação do navio ou que a invenção do acidente ferroviário é o surgimento do trem, é imperativo que questionemos a face oculta das novas tecnologias antes que ela se imponha, contra nossa vontade, à evidência.

As perspectivas do tempo real

Atualmente a *contaminação viral* já traz uma primeira resposta à questão da negatividade dos circuitos eletrônicos. Há ainda um outro caminho de pesquisa, o da *poluição ecológica*. Poluição não somente das substâncias atmosféricas, hidrosféricas ou de outro tipo, mas igualmente a poluição despercebida das distâncias, esta poluição dromosférica das distâncias de tempo que reduz a nada ou quase nada a extensão de um planeta estreito suspenso no vazio sideral...

Depois da tomada de consciência — e quão legítima ela o é para nós terráqueos! — da poluição da natureza, não seria conveniente que nos dedicássemos a estudar também esta poluição das dimensões naturais ocasionada pelo desenvolvimento das tecnologias do tempo real?

II

> "Suprimir o distanciamento mata."
>
> René Char

Ao lado dos fenômenos das poluições atmosférica, hidrosférica e de outros tipos, existe um fenômeno despercebido de poluição da extensão, que proponho designar como "poluição dromosférica", de *dromos*, corrida.

De fato, a contaminação atinge não somente os elementos, as substâncias naturais, o ar, a água, a fauna ou a flora, mas ainda o espaço-tempo de nosso planeta. Reduzido progressivamente *a nada* pelos diversos meios de transporte e comunicação instantâneos, o meio geofísico sofre uma inquietante desqualificação de sua "profundidade de campo" que degrada as relações entre o homem e seu ambiente. Desta forma, a *espessura ótica da paisagem* diminui rapidamente, resultando em uma confusão entre o horizonte *aparente* sobre o qual toda cena se destaca, e o horizonte *profundo* de nosso imaginário coletivo, em benefício de um último horizonte de visibilidade, o horizonte *trans-aparente*, fruto da amplificação ótica (eletro-ótica e acústica) do meio natural do homem.

Há portanto uma dimensão oculta da revolução das comunicações que afeta a duração, o tempo vivido de nossas sociedades.

É aqui, creio eu, que a "ecologia" encontra seu limite, sua insuficiência teórica, se privando de uma abordagem dos regimes de temporalidade associados aos diversos "ecossistemas", em particular àqueles que tem origem na tecnosfera industrial e pós-industrial. Ciência do mundo finito, a ciência do meioambiente humano parece se privar voluntariamente de sua relação com o tempo psicológico. A exemplo da ciência "universal" denunciada por Edmund Husserl,[1] a ecologia não questiona verdadeiramente o diálogo homem/máquina, a estreita correlação entre diferentes regimes de percepção e as práticas coletivas de comunicação e de telecomunicação.

Em suma, a disciplina ecológica não reflete suficientemente o impacto do *tempo-máquina* sobre o meio ambiente, deixando esta tarefa a cargo da ergonomia, da economia e por vezes apenas da "política"...

Sempre esta mesma ausência desastrosa da compreensão do caráter relativista das atividades do homem da modernidade industrial... É aqui que, de agora em diante, intervém a dromologia. A menos que se queira ver a ecologia como a administração pública das perdas e ganhos das substâncias, dos *stocks* que compõem o meioambiente humano, esta disciplina não pode mais se desenvolver sem levar em conta também a economia do tempo das atividades *interativas* e de suas rápidas mutações.

Se, segundo Péguy, "não existe história, mas somente *uma duração pública*", o ritmo e a velocidade próprios da realização do mundo deveriam dar lugar não somente a uma "sociologia verdadeira", como propôs o poeta, mas ainda a uma autêntica "dromologia pública". Não nos esqueçamos jamais, a propósito, que a verdade dos fenômenos é sempre limitada por sua velocidade de aparecimento.

---

[1] Edmund Husserl, *La Terre ne se meut pas*, Paris, Minuit, 1989.

As perspectivas do tempo real

Remontemos agora às origens prováveis deste desconhecimento da rítmica pública. Sobre um planeta limitado que se transforma em apenas uma grande superfície, a ausência de um ressentimento coletivo em relação à poluição dromosférica tem sua origem no esquecimento do "ser do trajeto". Apesar dos estudos e dos debates recentes sobre o encarceramento e as privações carcerárias que afetam determinada população privada de sua liberdade de movimento — regimes totalitários ou penitenciários, bloqueios, estado de sítio, etc. — parece que continuamos incapazes de abordar seriamente a *questão do trajeto* fora dos domínios da mecânica, da balística ou da astronomia.

Objetividade, subjetividade, certamente, mas jamais *trajetividade*.

Apesar da grande questão antropológica do nomadismo e do sedentarismo que esclarece o nascimento da cidade como força política maior da História, não há nenhuma reflexão sobre a característica vetorial da espécie transumante que nós somos, de sua coreografia... Entre o subjetivo e o objetivo parece não haver lugar para o "trajetivo", este ser do movimento do aqui até o além, de um até o outro, sem o qual jamais teremos acesso a uma compreensão profunda dos diversos regimes de percepção de mundo que se sucederam ao longo dos séculos, regimes de visibilidade das aparências ligados à história das técnicas e das modalidades de deslocamento, das comunicações à distância, com a natureza da velocidade dos movimentos de transporte e de transmissão engendrando uma transmutação da "profundidade de campo" e, consequentemente, da espessura ótica do meio ambiente humano, e não apenas uma evolução dos sistemas migratórios ou do povoamento de determinada região do planeta.

Hoje se coloca portanto a problemática da *amplitude residual* da extensão do mundo, diante da superpotência dos meios de comunicação e telecomunicação: por um lado, velocidade limite das ondas eletromagnéticas e, por outro, limitação, redução drástica da extensão da "grande superfície" geofísica pelo efeito dos transportes subsônicos, supersônicos e, em breve, até mesmo hipersônicos...

Como explicou recentemente um físico: "Os viajantes contemporâneos acham o mundo cada vez menos exótico, mas estariam errados em acreditar que ele está se tornando uniforme" (Zhao Fusan).

É o fim do mundo "exterior", o mundo inteiro torna-se subitamente *endótico*, um fim que implica tanto o esquecimento da exterioridade espacial quanto da exterioridade temporal (*now-future*) em benefício único do instante "presente", deste instante real das telecomunicações instantâneas.

Quando haverá sanções jurídicas? Uma "limitação de velocidade", causada não por um provável acidente de trânsito, mas em virtude dos riscos provenientes do esgotamento das distâncias de tempo e, portanto, da ameaça de inércia, ou seja, de acidentes do estacionamento.

"De que serve a um homem ganhar o mundo inteiro se ele termina por perder sua alma?"... Lembremos que "ganhar" significa tanto "chegar" e "alcançar" quanto "conquistar" ou "possuir"... Perder sua alma, *anima*, ou seja, o próprio ser do movimento. Historicamente nos encontramos portanto diante de uma espécie de divisão do conhecimento do "ser no mundo": de um lado, o nômade das origens, para quem predomina o *trajeto*, a trajetória do ser; de outro, o sedentário, para quem prevalece o *sujeito* e o *objeto*, movimento em direção ao imóvel, ao inerte, que caracteriza o "civil" sedentário e urbano, em oposição ao "guerreiro" nômade. Movimento este que se amplifica hoje diante das tecnologias de telecomando e telepresença à distância, para alcançar em breve um estado de sedentaridade última, em que o controle do meio ambiente em tempo real prevalecerá sobre a organização do espaço real do território.

Sedentarização terminal e definitiva, consequência prática do advento de um terceiro e último horizonte de visibilidade indireta (depois do horizonte aparente e profundo), horizonte trans-aparente, fruto das telecomunicações, que permite vislumbrar a possibilidade inusitada de uma "civilização do esquecimento", sociedade de um "ao vivo" (*live coverage*) sem futuro e sem passado, posto que sem extensão, sem duração, sociedade intensamente "presente" aqui e ali, ou seja, sociedade telepresente em todo o mundo.

Perda da narrativa do trajeto, e portanto da possibilidade de uma interpretação qualquer, perda agravada ainda por uma súbita perda de memória, ou antes do desenvolvimento de uma "memória imediata" paradoxal, ligada à potência total da imagem. Uma imagem em tempo real que não seria mais uma informação concreta (explícita), mas discreta (implícita), uma espécie de iluminação da realidade dos fatos...

Desta forma, depois da *linha* do horizonte aparente, primeiro horizonte da paisagem do mundo, o horizonte *ao quadrado* da tela (terceiro horizonte da visibilidade) viria parasitar a lembrança do segundo horizonte, este horizonte profundo de nossa memória dos lugares, e portanto de nossa orientação no mundo, confusão entre o próximo e o distante, entre o dentro e o fora, turbulência da percepção comum que viria a afetar gravemente nossas mentalidades.

Se a cidade tópica constituía-se outrora em torno da porta e do porto, a *metacidade* teletópica se reconstitui agora em torno da "janela" e do teleporto, ou seja, em torno da tela e do intervalo horário.

Fim do prazo, *fim do relevo*, o volume não é mais a realidade das coisas, esta se dissimula na banalidade das figuras. A partir de agora o tamanho natural não é mais parâmetro do real, pois este último se esconde na redução das imagens da tela. Assim como uma mulher desencantada por estar gorda, corpulenta, a realidade parece se desculpar por possuir um relevo, uma espessura qualquer.

Se o *intervalo* torna-se fino, "infrafino", ao se transformar bruscamente em *interface*, as coisas, os objetos percebidos sofrem um processo semelhante e perdem seu peso, sua densidade.

Com a "lei da proximidade" (eletromagnética), o distante se sobrepõe ao próximo, e as figuras sem espessura têm precedência sobre as coisas ao alcance da mão. A árvore frondosa vista em uma imagem congelada não é mais a árvore de referência do domínio vegetal, mas unicamente aquela que desfila na perturbação de uma *percepção estroboscópica*.

"Os que acham que eu pinto muito rápido me olham rápido demais", escreveu Van Gogh... A clássica fotografia já não é nada mais do que uma *imagem congelada*. Com o declínio dos volumes

128   O espaço crítico

e da extensão das paisagens, a realidade torna-se sequencial, o desfilar cinemático se sobrepõe finalmente sobre a estática e a resistência dos materiais.

Afirma-se frequentemente que a vertigem é causada pela visão das verticais em fuga. A perspectiva do espaço real da Renascença italiana seria portanto uma primeira forma de vertigem originada no horizonte aparente, uma *vertigem horizontal* provocada pela parada do tempo na interseção das linhas de fuga?

Em um importante texto de 1947, Giulio Carlo Argan escrevia: "O princípio da interseção foi portanto aplicado ao tempo antes de o ser ao espaço. A menos que esta concepção de espaço não seja simplesmente a consequência da parada brusca do tempo".[2]

O célebre relevo perspectivista do *Quattrocento* não teria sido portanto nada mais do que uma *vertigem* provocada pela parada do tempo no instante (real) do ponto de fuga? A inércia deste PUNCTUM na interseção das linhas de fuga não estaria portanto na origem desta perspectiva do espaço real? Perspectiva esta que não se mostraria dominante por muito mais tempo... "O relevo é a alma da pintura", escreveu Leonardo da Vinci. Lembramo-nos da discussão entre Auguste Rodin e Paul Gsell a respeito da veracidade do instante fotográfico, com o escultor declarando: "Não, o artista é que é verdadeiro e a fotografia mentirosa, *pois, na realidade, o tempo não para*".[3]

O tempo de que se trata aqui é o da cronologia, o tempo que não para, que escorre perpetuamente, o tempo linear cotidiano; ora, o que as técnicas da fotosensibilidade trouxeram de novo e que Rodin ainda não havia percebido é que a definição do tempo fotográfico não é mais aquela do tempo que passa, mas, essencialmente, a de um tempo que se expõe, que "faz superfície", um tempo de exposição que desde então substitui o tempo da sucessão

---

[2] Giulio Carlo Argan e Rudolf Wittkower, *Perspective et histoire du Quattrocento*, Paris, Éditions de la Passion, 1990.

[3] Auguste Rodin, *L'Art: entretiens réunis par Paul Gsell*, Paris, Grasset, 1911 [ed. bras.: *A arte*, Rio de Janeiro, Nova Fronteira, 1990].

clássica. O tempo da rápida *tomada de imagens* é portanto, desde sua origem, o tempo-luz.

O tempo de exposição da placa fotográfica é portanto apenas a exposição do tempo — do espaço-tempo de sua matéria fotossensível — à luz da velocidade, ou seja, no fim das contas, à frequência da onda carregadora de fótons. Desta forma, o que o escultor não percebe é que a simples *superfície* do clichê para o tempo da representação do movimento. Com o fotograma instantâneo que permitiria a invenção da sequência cinematográfica, o tempo não mais iria se interromper. A fita e a bobina de filmes gravados e, mais tarde, a fita de vídeo em *tempo real* da televigilância permanente ilustrarão esta invenção inaudita de um "tempo--luz" contínuo ou, dito de outra forma, a invenção científica, a maior depois do fogo, de uma luz indireta substituindo a luz direta do sol ou da eletricidade, da mesma forma como esta última substituiu por si própria a luz do dia.

Atualmente, a tela das transmissões televisivas em tempo real é um filtro, não mais monocromático, como aquele que os fotógrafos conhecem tão bem, que só deixa passar uma única cor do espectro, mas um filme monocrônico que só deixa entrever o *presente*. Um presente intensivo, fruto da velocidade limite das ondas eletromagnéticas, que não mais se inscreve no tempo cronológico passado/presente/futuro, mas antes no tempo cronoscópico: subexposto/exposto/superexposto.

A perspectiva do tempo real do horizonte trans-aparente do vídeo só existe portanto através da *inércia* do instante presente, precisamente onde a perspectiva do espaço real do horizonte aparente do *Quattrocento* só subsistia sob a forma de uma síncope — parada do tempo, vertigem do coração deste corpo sobre o qual Merleau-Ponty nos falava: "O próprio corpo está no mundo assim como o coração no organismo: ele mantém continuamente vivo o *espetáculo visível*, ele o anima, o nutre e com ele forma um sistema".[4]

---

[4] Maurice Merleau-Ponty, *Phénomenologie de la perception*, Paris, Gallimard, 1945.

Parada do tempo na interseção das linhas de fuga da geometria perspectiva; parada do tempo na instantaneidade fotográfica; finalmente, parada do tempo no instante real da transmissão televisiva ao vivo: parece que o relevo do mundo (ou, mais exatamente, sua alta definição) seja apenas o efeito de uma imperceptível *fixação do presente*. Uma fixidez picnoléptica, ausência infinitesimal da duração sem a qual o espetáculo do visível simplesmente não se realizaria.

Um pouco como a luz das estrelas distantes é desviada por uma massa imponente, favorecendo a ilusão da "ótica gravitacional", nossa percepção do relevo seria uma espécie de *queda-à--vista* comparável à queda dos corpos na lei da gravitação universal? Se fosse este o caso, a perspectiva do espaço real do *Quattrocento* teria sido o seu primeiro indício científico. De fato, a partir deste período da História, a ótica torna-se *cinemática*, o que Galileu provaria contra e ao contrário de todos. Com as *perspectivas* da Renascença, "caímos" no volume do espetáculo visível de forma gravitacional; literalmente o mundo se entreabre diante de nós... Mais tarde, bem mais tarde, os médicos descobririam que, quanto mais rápido nos deslocamos (em um carro, por exemplo), mais à frente se faz a acomodação ocular. Desde então, a célebre "vertigem das linhas de fuga" é duplicada por esta projeção do ajuste do olhar.

Para ilustrar esta súbita ampliação da visão, consecutiva ao aumento da velocidade, escutemos o relato de um paraquedista especializado em queda livre:

"A queda-à-vista consiste em apreciar visualmente, durante toda a queda, a distância a que nos encontramos do solo. A avaliação da altura e a observação do momento exato em que se deve abrir o paraquedas resultam de uma impressão visual dinâmica. Quando voamos de avião a 600 metros de altura não temos, de forma alguma, a mesma impressão visual que temos ao atravessarmos esta altura em uma queda vertical a grande velocidade. Quando estamos a 2 mil metros, não percebemos que o solo está se aproximando. Por outro lado, quando atingimos cerca de 800 ou 600 metros, começamos a ver que ele 'vem'. A sensação torna--se rapidamente assustadora, pois o solo se precipita em nossa di-

As perspectivas do tempo real

reção. O diâmetro aparente dos objetos aumenta cada vez mais rápido e, subitamente, temos a sensação de vê-los não mais se aproximar, mas se separar bruscamente, *como se o solo se abrisse.*"[5]

Este testemunho é precioso por ilustrar de maneira verdadeiramente gravitacional a vertigem da perspectiva, sua gravidade aparente. Com este *paraquedista-à-vista*, a geometria perspectiva aparece como jamais deixou de ser: uma *precipitação* da percepção em que a própria rapidez da queda livre deixa ver a característica fractal da visão resultante da acomodação ocular a grande velocidade.

Nesta experiência, a partir de uma certa distância, de um certo momento, o solo não mais se aproxima, ele se separa, se abre, passando bruscamente de uma dimensão *inteira*, sem linhas de fuga, a uma dimensão *fracionária* na qual se entreabre o espetáculo visível.

Mesmo que pareça humanamente impossível experimentar até o fim esta queda-à-vista, fica claro entretanto que, nela, a visão depende diretamente da gravidade.

A perspectiva *precipitada* não é mais aquela do espaço real, vertical ou horizontal, dos geômetras italianos, ela é antes de tudo a perspectiva do tempo real da queda dos corpos. O horizonte de visibilidade do *paraquedista* antes do esmagamento final depende essencialmente da rapidez de sua acomodação ocular, ajuste e parada imperceptível do tempo que dependem da própria massa de seu corpo. O ser do trajeto define a percepção do sujeito através da massa do objeto. A queda do corpo torna-se subitamente o corpo da queda.

Se o isolamento deforma a perspectiva, aqui o isolamento é aquele do instante de uma precipitação na atração terrestre... A perspectiva não é mais tanto aquela do espaço, mas antes a do tempo restante, este "tempo de queda" que depende intimamente da gravidade.

Bruscamente, todas as dimensões geométricas se encadeiam: primeiramente o solo parece se aproximar, em seguida parece se

---

[5] Marc Défourneaux, *L'Attrait du vide*, Paris, Calmann-Lévy, 1967.

abrir... À chegada de uma superfície sucede a separação das linhas de fuga de um volume, precedendo o esmagamento do *ponto* de queda. Quanto à *linha*, trata-se do homem, do ser do trajeto de uma queda livre de toda resistência.[6]

Exercício perigoso para testar a impressão visual dinâmica, ou seja, a ótica cinemática.

Curiosamente, hoje em dia um número cada vez maior de adeptos compartilham a atração pelo vácuo e suas sensações extremas: salto com elástico, surfe nas nuvens, *base-jump*, etc., como se a perspectiva acelerada já predominasse sobre a outra, passiva, dos perspectivistas; experimentação suicida da inércia de um corpo puxado por sua massa sem a garantia de nenhum apoio a não ser o do ar, em meio ao vento relativo de um deslocamento vertiginoso sem outra finalidade se não a experiência de um corpo pesado...

Na terra, a velocidade de libertação é de 11.200 quilômetros por segundo. Abaixo desta aceleração, todas as velocidades são condicionadas pela atração terrestre, inclusive a velocidade de nossa visão das coisas. Força centrífuga e centrípeta por um lado, resistência ao avanço por outro, todo movimento de deslocamento físico, horizontal ou vertical, depende portanto da força de gravitação na superfície da terra.

A partir de então, como não tentar prever a interação desta gravidade com nossa percepção da paisagem mundana? Se, diante de uma massa importante, a luz é desviada pela gravitação universal, esta mesma atração (cuja velocidade, lembremos, é igual a das ondas eletromagnéticas) não influenciaria as aparências do mundo, este espetáculo visível do qual nos fala Merleau-Ponty?

Como imaginar uma perspectiva qualquer, espacial ou atmosférica, depois da perda dos referenciais "acima" e "abaixo"? Da mesma forma, como pensar a separação entre o "próximo" e o "distante" sem a resistência ao avanço? Os astronautas já experi-

---

[6] Os paraquedistas especializados em queda livre às vezes levam consigo uma pequena bolsa com talco ou um foguete visando materializar, pouco antes de abrir o paraquedas, esta linha de queda diante dos espectadores que se encontram em terra.

mentaram, em escala real, a desordem dos sentidos e da orientação ocasionada pela falta de gravidade. Reconhecer hoje este estado de fato é, imediatamente, tentar reinterpretar a perspectiva geométrica à italiana.

Se, na interseção das linhas de fuga, o espetáculo visível se entreabre a partir do *Quattrocento*, é devido à força de atração terrestre e não unicamente ao efeito de convergência, o estrabismo de uma métrica das aparências sensíveis buscado avidamente pelos artistas italianos. A organização do novo horizonte aparente já depende do tempo, desta *parada do tempo* própria do ponto de fuga magistralmente analisada por Argan. Atualmente a reorganização das aparências em curso e o surgimento próximo de um último horizonte de visibilidade, constituído pela transparência das aparências transmitidas instantaneamente à distância, só podem se realizar através da superação desta restrição originada na força da gravidade. Ao contrário da perspectiva do espaço real da geometria, a perspectiva do tempo real não é mais restrita pela gravidade terrestre, pois o horizonte *trans-aparente* da tela do "ao vivo televisionado" escapa à gravitação ao se fundar sobre a própria velocidade da luz. Se, a exemplo das imagens que transmite instantaneamente, a tela possui propriedades óticas e geométricas que a assemelham a uma janela ou à moldura de um quadro, a constituição de sua *informação videoscópica* dependerá sobretudo de uma aceleração não limitada pela força de gravitação de 300 mil quilômetros/segundo.

A *parada do tempo* na interseção das linhas de fuga do *Quattrocento* dá lugar então a uma imperceptível trama de vídeo (ver aqui a busca de uma alta definição da imagem), a única *parada* é portanto a de uma ausência picnoléptica do *instante presente*, parada igualmente imperceptível pela atenção do telespectador, preservando-o da alucinação de uma sequência sem fim... É preciso se acostumar, observava Einstein, ao fato de que "não há ponto fixo no espaço", somente a inércia do instante real que dá forma ao *presente vivo*. Uma duração psicológica sem a qual não existiria qualquer apreensão do mundo, qualquer paisagem mundana.

Mas voltemos, como conclusão, às origens da última das poluições, a poluição dromosférica.

Se a influência hegemônica da cultura técnica se propaga e se impõe a nosso planeta e acarreta uma aparente extensão territorial, existe uma face oculta deste desenvolvimento.

De fato, como observava o dramaturgo Samuel Beckett, "a arte tende, não a uma expansão, mas a uma contração".

O próprio desenvolvimento dos veículos e dos diversos vetores de progressão produz uma imperceptível contração telúrica do mundo e de nosso meio ambiente imediato. A imperceptível *parada do tempo* na interseção das linhas de fuga da perspectiva cede agora lugar a uma *interrupção do mundo*, ou seja, a uma imperceptível retenção de sua extensão e de sua diversidade regional. Se a vertigem do espaço real era causada pela visão — a queda-à--vista — das verticais em fuga, perspectiva acelerada pela antecipação de uma queda no vácuo, atualmente, para o "voyeur-viajante" ultrarrápido e sobretudo para o telespectador, a vertigem do tempo real é causada pela inércia, pela contração local do corpo do espectador-passageiro. A velocidade do novo meio eletro--ótico e acústico torna-se o *último vácuo* (o vácuo do veloz), um "vácuo" que não mais depende do intervalo entre os lugares, as coisas, e portanto da própria extensão do mundo, mas antes da interface de uma transmissão instantânea das aparências distantes, de uma retenção geográfica e geométrica em que desaparece todo volume e todo relevo.

É a crise, ou mais exatamente, o *acidente de espessura ótica* do espetáculo visível e das paisagens. Como escreveu Théodore Monod: "Não há nada mais arrasador do que *ver antecipadamente*, do lugar de onde partimos, aquele em que chegaremos à noite ou no dia seguinte".

Perda de vista ou, antes, "perda de terra", em um novo tipo de queda que é também uma forma de poluição da extensão, desta *arte do trajeto* praticada pelo nômade, forma singular de uma vertigem causada pela profundidade de campo do horizonte aparente do espetáculo do mundo.

Com o sedentário contemporâneo da grande metrópole, a contração imóvel não atinge somente a área de deslocamento e de atividade produtora, como ontem ocorria com a burguesia urbana, ela atinge em primeiro lugar o corpo deste homem válido supere-

As perspectivas do tempo real

quipado com próteses interativas, cujo modelo passou a ser o inválido equipado para controlar seu meio ambiente sem se deslocar fisicamente.

A poluição dromosférica é portanto aquela que atinge a vivacidade do sujeito, a mobilidade do objeto, atrofiando o trajeto ao ponto de torná-lo inútil. Deficiência maior, resultando ao mesmo tempo da perda do corpo locomotor do passageiro, do telespectador e da perda desta terra firme, deste grande solo, terreno de aventura e de identidade do ser no mundo.

III

Ao lado da poluição das SUBSTÂNCIAS que compõem nosso meio ambiente e a respeito das quais o ecologista nos fala incessantemente, não deveríamos entrever igualmente esta súbita poluição das DISTÂNCIAS e dos períodos de tempo que degrada o espaço de nosso hábitat? Constantemente preocupados com a poluição da NATUREZA, não estaríamos omitindo, ainda que involuntariamente, esta poluição do TAMANHO NATURAL que reduz a nada a escala, as dimensões terrestres?

Uma vez que a cidadania e civilidade dependem não somente, como é incansavelmente repetido, do "sangue" e do "território", mas também e sobretudo da natureza da proximidade entre os grupos humanos, não seria conveniente propor um outro tipo de ecologia? Uma disciplina menos preocupada com a natureza do que com os efeitos do meio artificial da cidade sobre a degradação desta proximidade física entre os seres e as diferentes comunidades? Proximidade da vizinhança imediata dos bairros. Proximidade "mecânica" do elevador, do trem ou dos carros e, finalmente, a recente proximidade "eletromagnética" das telecomunicações instantâneas.

Rupturas de escala tanto em relação ao território e à unidade de vizinhança quanto em relação ao outro, ao familiar, ao amigo, ao vizinho imediato. A separação MEDIÁTICA não dizendo mais respeito exclusivamente à questão da separação em grande escala entre o centro urbano e seu subúrbio ou sua periferia, mas igualmente à intercomunicação televisual, ao FAX, às telecompras ou à "messagerie rose"...[7]

"Cidadãos do mundo", habitantes da natureza, omitimos muito frequentemente que também habitamos as dimensões físicas, a escala do espaço e os períodos de tempo das dimensões naturais, com a degradação evidente dos elementos constitutivos das substâncias (químicas ou não) que compõem nosso meio natural sendo duplicada pela poluição imperceptível das distâncias que organizam a relação com o outro, e também com o mundo da experiência sensível. Daí a urgência de acrescentar à ecologia da natureza uma ecologia do artifício das técnicas de transporte e de transmissão que *exploram* literalmente o campo das dimensões do meio geofísico e degradam sua amplitude.

"A velocidade mata a cor: quando o giroscópio gira rapidamente, ele produz o cinza", escreveu Paul Morand, em 1937, em pleno período de férias...

Atualmente, no momento em que a extrema proximidade das telecomunicações ultrapassa o extremo limite de velocidade dos meios de comunicação supersônicos, não seria oportuno instaurar, ao lado da ecologia VERDE, uma ecologia CINZA?

A ecologia destes "arquipélagos de cidades" inteligentes e interconectadas que irão em breve reorganizar a Europa e o mundo inteiro.

É neste contexto de um espaço-tempo transtornado pelas teletecnologias da ação à distância que podemos falar efetivamente em uma ECOLOGIA URBANA. Uma ecologia que não se dedicaria mais somente às poluições atmosféricas e sonoras das grandes cidades, mas primeiramente ao aparecimento intempestivo desta "Cidade-Mundo" totalmente dependente das telecomunicações que está sendo construída neste final de milênio. O turismo de longo curso celebrado por Paul Morand em seu tempo sendo com-

---

[7] A *messagerie rose*, literalmente "mensagens cor-de-rosa", é um serviço que permite aos assinantes do circuito de videotexto francês conhecido como Minitel trocar, em tempo real, mensagens de caráter geralmente erótico com outros usuários que podem se manter no anonimato. (N. do T.)

As perspectivas do tempo real

plementado de agora em diante por uma espécie de "turismo imóvel" do *cocooning* e da interatividade.

"Tu fizestes do mundo uma cidade", dizia o galo-romano Namatianus ao repreender César. Há pouco tempo, este projeto imperial se tornou uma realidade cotidiana que não podemos mais ignorar em termos econômicos, e menos ainda culturalmente. Daí este *fim da oposição cidade-campo* que presenciamos, depois do Terceiro Mundo, agora na Europa, com o despovoamento de um mundo rural entregue às culturas rotativas e à desocupação. A "retração" intelectual suposta por tal supremacia urbana parece exigir de nossos governantes uma outra "inteligência" do artifício e não somente uma outra política da natureza.

No momento preciso em que a necessária transparência direta da espessura "ótica" da atmosfera é redobrada por uma transparência, desta vez indireta, da espessura "eletro-ótica" (e acústica) do domínio das telecomunicações *em tempo real*, não se pode mais negligenciar por muito tempo os danos causados pelo progresso em um domínio esquecido pelos ecologistas: o domínio da RELATIVIDADE, ou seja, de uma nova relação com os lugares e as distâncias de tempo criada pela revolução das transmissões com o uso recente da velocidade absoluta das ondas eletromagnéticas. Enquanto que a revolução dos transportes, que só colocava em jogo as velocidades relativas do trem, do avião ou do automóvel, parece interessar aos defensores das "ciências do meio ambiente" apenas devido às consequências desastrosas sobre a paisagem de suas diversas infraestruturas — autoestradas, vias férreas do TGV[8] ou aeroportos.

O tempo é útil quando não é utilizado, quer a sabedoria oriental. Não se poderia dizer o mesmo sobre o espaço, esta extensão em tamanho natural, inutilizada, de um mundo desconhecido e ainda ignorado?

Hoje, diante do declínio de uma geografia transformada em uma "ciência do espaço" abstrata, no exato momento em que o

---

[8] TGV: *Train à Grande Vitesse*, o equivalente na França do trem-bala japonês. (N. do T.)

exotismo desaparece com o desenvolvimento do turismo e dos meios de comunicação de massa, não seria oportuno questionar com a máxima urgência o sentido e a importância cultural das dimensões geofísicas?

No século XVI, Jêrome Cardan constatava em sua autobiografia: "Eu nasci neste século em que toda a terra foi descoberta, enquanto os antigos não conheciam mais do que um terço dela".[9]

O que dizer então neste final de um século vinte que viveu o primeiro desembarque do homem na lua, se não que esgotamos o tempo do mundo finito, uniformizamos a superfície da terra?

De fato, queiramos ou não, a corrida é sempre *eliminatória*, não somente para os concorrentes envolvidos na competição, mas ainda para o ambiente que sustenta seus esforços. Daí a invenção de um lugar artificial, de uma "cena" para praticar o feito da velocidade extrema: estádio, hipódromo ou autódromo. Uma tal instrumentalização do espaço indicando a modificação não somente do corpo do atleta treinado para ultrapassar seus limites, ou dos animais de corrida, mas ainda a transformação da GEOMETRIA do meio no qual se dão estas performances motrizes, a *inserção em circuitos fechados* destes grandes equipamentos esportivos prefigurando sua redução a círculos, o fechamento definitivo de um mundo tornado *orbital*, não somente para os satélites em torno da terra, mas igualmente para o conjunto dos meios de comunicação.

Desta forma se concretiza, depois da empresa ferroviária do século XIX e do desenvolvimento de um sistema de estradas que se tornou continental, um último tipo de poluição: trata-se da poluição da extensão geográfica pelo transporte supersônico e pelos novos meios de comunicação... com os danos que isto supõe para o sentimento de realidade de cada um de nós... A perda de sentido de um mundo que, a partir de agora, foi tornado menos INTEIRO do que REDUZIDO por tecnologias que, ao longo do século XX, para além da "velocidade de escape" da atração terrestre (28 mil km/hora), atingiram a velocidade absoluta das ondas eletromagnéticas.

---

[9] Jêrome Cardan, *Ma vie*, Paris, Belin, 1992.

De onde a urgente necessidade política de repensar esta *lei do menor esforço* que desde sempre esteve nas origens de nossas tecnologias. Uma lei que se impõe a nós e que se funda, como a lei do movimento astronômico dos planetas, sobre a GRAVIDADE, esta força de atração universal que, de uma só vez, dá peso, sentido e direção aos objetos que compõem o ambiente humano.

De fato, se "o acidente" ajuda a conhecer "a substância", o acidente da queda dos corpos revela a QUALIDADE de nosso meio de vida, sua gravidade específica.

Uma vez que é *o uso* que qualifica o espaço e o ambiente terrestre, só há distância e portanto "quantidade" (geofísica) a percorrer graças a um movimento (físico) mais ou menos durável, o cansaço de um trajeto onde o vácuo só existe através da natureza da ação empreendida para atravessá-lo. A questão "ecológica" da NATUREZA de nosso hábitat não pode, portanto, ser resolvida sem que nos esforcemos para descobrir a ligação que vincula "o espaço" e "o esforço", a duração e a extensão de um cansaço físico que empresta sua medida, seu TAMANHO NATURAL ao mundo da experiência sensível. Uma vez que a ausência de esforço das teletecnologias para ouvir, ver ou agir à distância abole as direções, a vastidão do horizonte terrestre, nos resta, de agora em diante, descobrir o "novo mundo", não mais como há cinco séculos, o mundo de longínquos antípodas, mas o mundo de uma proximidade sem futuro, onde as tecnologias do "tempo real" irão em breve sobrepor-se àquelas que no passado organizavam o "espaço real" do planeta.

De fato, se estar *presente* é estar *próximo* fisicamente falando, apostemos que a proximidade "microfísica" das telecomunicações interativas fará com que amanhã nos ausentemos, não estejamos presentes para ninguém, encarcerados em um ambiente "geofísico" reduzido a menos que nada.

SOBRE O AUTOR

Arquiteto, urbanista e filósofo, Paul Virilio nasce em Paris em 1932. Estuda na École des Métiers d'Art, seguindo também os cursos de Vladimir Jankélévitch, Raymond Aron e Merleau-Ponty na Sorbonne. Colabora com Henri Matisse em Saint-Paul-de-Vence e Georges Braque em Varengeville-sur--Mer. Convocado para lutar na guerra da Argélia, realiza um estudo fenomenológico dos territórios militares, que seria depois publicado com o título *Bunker archéologie*. Em 1963 funda com o arquiteto Claude Parent o grupo Architecture Principe, que edita em 1966 a revista de mesmo nome e permanece ativo até maio de 1968. Em 1969 torna-se professor da ESA (École Spéciale d'Architecture), em Paris, faculdade da qual seria diretor (a partir de 1972) e presidente do conselho (a partir de 1989). Trabalha nos comitês editoriais das revistas *Esprit* (1969-1977), *Cause Commune* (1972-1974) e *Traverses* (1975-1984), e dirige, a partir de 1973, a coleção *Le Espace Critique* para a Éditions Galilée. Em 1987 recebe o Grand Prix National de la Critique Architecturale. Aposentado da ESA, tem publicado diversos artigos e livros e ministrado cursos em instituições como o Collège International de Philosophie, em Paris (do qual foi *Directeur de Programme* entre 1989 e 1995), e a European Graduate School, na Suíça. Publicou:

Bunker archéologie. Paris: Éditions du CCI, 1975.

L'Insecurité du territoire. Paris: Stock, 1976.

Vitesse et politique. Paris: Galilée, 1977 [*Velocidade e política*. São Paulo: Estação Liberdade, 1996].

Défense populaire et luttes écologiques. Paris: Galilée, 1978.

Esthétique de la disparition. Paris: Balland, 1980.

Pure War (com Sylvère Lotringer). Nova York: Semiotext(e), 1983 [*Guerra pura*. São Paulo: Brasiliense, 1984].

L'Horizon négatif. Paris: Galilée, 1984.

L'Espace critique. Paris: Christian Bourgois, 1984 [*O espaço crítico*. Rio de Janeiro: Editora 34, 1993].

Guerre et cinéma I: Logistique de la perception. Paris: Cahiers du Cinéma/ L'Étoile, 1984 [*Guerra e cinema*. São Paulo: Scritta, 1993].

La Machine de vision. Paris: Galilée, 1988 [*A máquina de visão*. Rio de Janeiro: José Olympio, 1994].

L'Inertie polaire. Paris: Christian Bourgois, 1990.

L'Écran du désert. Paris: Galilée, 1991.

L'Art du moteur. Paris: Galilée, 1993 [*A arte do motor*. São Paulo: Estação Liberdade, 1996].

La Vitesse de libération. Paris: Galilée, 1995.

Un paysage d'événements. Paris: Galilée, 1996.

La Bombe informatique. Paris: Galilée, 1998 [*A bomba informática*. São Paulo: Estação Liberdade, 1999].

Stratégie de la déception. Paris: Galilée, 1999 [*Estratégia da decepção*. São Paulo: Estação Liberdade, 2000].

La Procédure silence. Paris: Galilée, 2000.

Ce qui arrive. Paris: Galilée, 2002.

Discours sur l'horreur de l'art: entretiens avec Enrico Baj, Paris: Atelier de Création Libertaire, 2003.

Ville panique. Paris: Galilée, 2004.

L'Accident originel. Paris: Galilée, 2005.

L'Art à perte de vue. Paris: Galilée, 2005.

L'Université du désastre. Paris: Galilée, 2007.

Le Futurisme de l'instant. Paris: Galilée, 2009.

Le Grand accélérateur. Paris: Galilée, 2010.

L'Administration de la peur: entretien avec Bertrand Richard. Paris: Textuel, 2010.

ESTE LIVRO FOI COMPOSTO EM SABON,
PELA BRACHER & MALTA, COM CTP E
IMPRESSÃO DA BARTIRA GRÁFICA E EDI-
TORA EM PAPEL PÓLEN SOFT 80 G/M² DA
CIA. SUZANO DE PAPEL E CELULOSE PARA
A EDITORA 34, EM ABRIL DE 2014.